AI 생성 이미지의 이해와 활용

AI문고

인공지능 시대입니다. 기계가 인간의 인지를 대신하고, 사물이 인간을 통하지 않고 다른 사물과 직접 커뮤니케이션합니다. 이에 따른 인간 삶과 문명 변화를 정확히 이해 · 예측 · 대응하는 것은 이 시대 우리 모두의 과제입니다. AI문고는 인공지능 기술과 환경의 여러 주제를 10가지 키워드로 정리합니다. 관련 개념과 이론, 학계와 산업계의 쟁점, 우리 일상의 변화를 다룹니다. 인간과 기술의 현재, 미래를 세심히 분석합니다.

일러두기

- 인명, 작품명, 저서명, 개념어 등은 한글과 함께 괄호 안에 해당 국가의 원어를 병기했습니다.
- 외래어 표기는 현행 어문규정의 외래어표기법을 따랐습니다. 다만 '아우라'는 관행을 따랐습니다.

처음이세요?

전문가세요?

AI 생성 이미지의 이해와 활용

권승태

대한민국, 서울, 커뮤니케이션북스, 2025

AI 생성 이미지의 이해와 활용

지은이 권승태
펴낸이 박영률

초판 1쇄 펴낸날 2025년 8월 29일

커뮤니케이션북스(주)
출판 등록 2007년 8월 17일 제313-2007-000166호
02880 서울시 성북구 성북로 5-11
전화(02) 7474 001, 팩스(02) 736 5047
commbooks@commbooks.com
www.commbooks.com

ISBN 979-11-430-0933-3 03500

책값은 뒤표지에 표시되어 있습니다.

차례

기술 복제 이미지에서 AI 생성 이미지로

AI 생성 이미지의 기원

발터 베냐민(Walter Benjamin)은 1936년 "기술 복제 시대의 예술 작품"이라는 학술 에세이에서 사진과 영화 기술을 이용해 복제한 이미지는 원본의 아우라를 약화한다고 주장했다. 기술 복제 이미지는 복제성, 다회성, 편재성이라는 특징을 가지면서 기존 이미지의 진품성, 일회성, 현존성으로서의 아우라를 해체한다. 반면 대량 복제로 누구나 이미지를 쉽게 접근하게 되면서 예술은 대중화되었다.

기술 복제 이미지로서의 19세기 사진술과 20세기 영화는 예술 이미지의 생산에 혁명적인 변화를 가져왔다. 실재의 기계적 재현인 사진은 기존 회화의 수공적인 재현과 구별되는 새로운 이미지 시대를 열었다. 기술 복제 이미지 때문에 더 이상 실재를 모사할 필요가 없어진 화가들은 실재를 파편화해 내면을 상징화하거나 본질적인 요소를 추출해 실재를 추상화했다.

영상은 빛이 날아와 맺혀진 상이다. 초창기 영상은

실재와 붙어 있는 일체로서의 이미지였다. 이후 영상은 숏이나 픽셀로 점차 파편화되고 제작자의 생각과 감정을 자유롭게 표현하기 위해 재조합되었다. 영상이 실재에서 분리되어 자신만의 언어를 갖게 된 것이다. 이러한 기술 복제 이미지의 파편화와 재조합은 AI(Artificial Intelligence) 생성 이미지의 기원이기도 하다.

카메라로 복제한 이미지인 영상처럼 AI 생성 이미지 역시 자동으로 생산되는 이미지다. 기술 복제 이미지는 인간이 카메라를 조정하면 나머지는 카메라가 알아서 하고, AI 생성 이미지는 인간이 프롬프트를 조정해 대상을 선택하고 밝기와 색상, 해상도 등의 세부를 선택하면 나머지는 기계가 자율적으로 처리한다. 이후 인간은 생성된 이미지들을 조합하거나 이미지 자체를 수정해 새로운 의미를 만들어 낸다.

기술 복제 이미지는 실재를 똑같이 모사하려는 인류의 임무를 완수하는 동시에 모사를 넘어 실재를 파편화해 조각난 단위적 요소들을 언어처럼 자유롭게 조합해 새로운 의미나 스토리를 창조했다. AI 생성 이미지는 그 파편을 원자 단위로 조각내 추상적인 이미지까지 창조하는 단계로 발전했다.

기술 복제 시대의 이미지

앙드레 바쟁(André Bazin)은 사진을 인간이 개입하지 않고 기계가 최초로 자동으로 형성한 세계의 이미지라고 평했다. 사진은 실제 사물에 반사한 빛이 감광판이나 센서에 직접 각인되어 상을 이루기 때문에 사진은 현실에 대한 지시성을 갖는다. 사진 이미지는 현실과 지표적으로 연결되어 있다. 사진 속 나무는 실제 나무를 가리킨다. 즉 사진은 실제 세계와 붙어 있다. 영화는 여기에 시간의 차원을 더해 움직이는 현실을 있는 그대로 지시한다. 그림은 화가의 주관에서 비롯된 것이지만 영상은 객관적인 사실이다. 물론 제작자가 프레임을 선택하지만 사람들은 그 안에 맺혀진 상이 객관적인 사실임을 믿는다. 이로써 영상은 방송과 영화를 통해 20세기에 진실을 드러내는 강력한 미디어가 됐다.

바쟁은 사진을 조형 예술사에서 가장 중요한 사건으로 평가하며 사진의 탄생이 서양 회화를 현실 재현의 집착에서 해방해 순수한 심미적 자율성을 되찾도록 했다고 말했다.

회화의 파편화

1872년 클로드 모네(Claude Monet)는 〈인상, 해돋이〉를 발표한다. 이 그림은 그의 눈으로 들어온 인상의 조각을 그린 것으로 실재에 대한 모사가 아니라 작가의 내면을 표현하는 회화의 시대를 열었다. 에드가 드가(Edgar Degas)는 사진의 영향을 받아 장면을 스냅 사진처럼 잘라내어 구성했고 조르주 쇠라(Georges Seurat)는 장면을 수많은 점으로 파편화해 구성하는 점묘법을 선보였다. 이후 폴 고갱(Paul Gauguin)과 빈센트 반 고흐(Vincent van Gogh)는 눈에 보이는 대상을 있는 그대로 그리지 않고 자신의 기억과 감정을 표현해 주관적 내면을 화폭에 담아냈다. 1899년 폴 세잔(Paul Cézanne)이 발표한 〈사과와 오렌지〉는 회화가 추상화되는 출발점이다. 세잔은 이 그림에서 사과와 물병을 각각 구와 원기둥 모양으로 그리면서 실재에서 기하학적 본질을 추출하고자 했다. 그는 이렇게 분해된 색과 형태의 관계를 화폭 위에 질서 있게 재구성해 자연에 내재한 구조를 다시 세우고자 했다.

또 파블로 피카소(Pablo Picasso)와 조르주 브라크(Georges Braque)는 사진과 영화의 등장에 자극받아 화면 속에 시간성과 운동감을 암시하는 다양한 시각 실험을 전개했다. 그들의 초기 분석적 큐비즘 작품들은 대상을 해부하듯 여러 면으로 분해해 한 화면에 동시에 병치해 대상의 부피감과 형태를 산산조각 냈다. 이 과정에서 대상의 식별 가능한 외형은 거의 지워지고 결과적으로 현실을 직접 모사하는 재현성에서 단절된 새로운 회화 미학이 탄생했다. 즉 분석적 큐비즘은 대상을 파편화해 회화를 더 이상 실재의 창이 아닌 자율적인 조형 언어로 격상했다. 예를 들어 1907년 피카소가 발표한 〈아비뇽의 처녀들〉은 처녀의 아름다움이나 관능미를 표현한 것이 아니라 단일 시점인 원근법을 파괴하고 여러 시점에서 조각난 나신들을 한 화면에 병치했다. 이 그림은 여성이라는 고정된 기의(signifié)에서 독립해 다양하게 해석할 수 있는 기표(signifiant)가 됐다.

20세기 초에 시작된 종합적 큐비즘은 분석적 단계에서 극도로 분절된 이미지를 다시 통합하려는 시도로 콜라주 기법을 도입해 현실의 파편들을 직접 작품에 붙여 넣었다. 피카소와 브라크는 신문지 조각, 벽지 무늬 종이, 상표 글자 등의 기성 재료를 캔버스에 붙이는 파피에 콜레(papier collé)로 회화를 구성했는데 이를 통해 회화는 실제 현실의 조각들과 상징들이 뒤섞인 혼합 매체가 됐다. 이렇게 여러 조각난 이미지와 문자들이 병치된 큐비스트 회화에서 기표와 현실의 기의 사이의 직접적 대응 관계는 의도적으로 차단됐다. 그 결과, 하나의 이미지는 단일한 의미를 전달하지 않고 다층적 의미의 기호가 되어 회화의 기호화 과정이 뚜렷해졌다.

러시아 아방가르드 화가 말레비치(Kazimir Malevich)는 1915년 〈검은 사각형〉을 발표하며 절대주의(Suprematism) 미술을 선언하면서 예술에서 대상 재현의 완전한 해체를 극단적으로 실천했다. 1918년 〈수프라마티즘 구성(Suprematist Composition)〉에서 말레비치는 더 이상 나무, 사람, 사과 같은 구체적인 사물을 그리지 않고 기본 기하학 도형만으로 순수한 형태를 제시했다. 그는 절대주의 회화를 일종의 새로운 기호 체계로 개념화했다. 그는 기하학 도형들을 조합해 구조적 상징 언어를 구축하고자 했는데 이를 통해 예술을 세계 창조의 원천이자 새로운 정신적 질서의 실험장으로 보았다.

구성주의(Constructivism) 미술도 몽타주 미학과 밀접한 관련이 있다. 1910년대 말 러시아에서 대두된 구성주의는 예술의 사회적 기능을 중시해 혁명 이후 새로운 사회를 건설하는 데 기여하는 예술을 지향했다. 구성주의 예술가들은 기계 문명과 현대 기술을 긍정하고 과거의 예술 형식을 해체했으며 사진을 오려 붙이는 포토몽타주나 철, 유리 등의 산업 재료를 조합하는 입체 작품 등을 통해 새로운 시각적 어셈블리(assemblage)를 추구했다.

이러한 경향은 영화 분야와도 긴밀히 연결되었는데 실제로 구성주의 그룹 레프(LEF, Left Front of the Arts)는 영화 매체를 가장 혁신적인 예술로 간주해 회화나 서사 문학보다 중시했다.

이제 회화는 자연으로부터 분리되어 자율적인 회화적 언어를 자유롭게 표현하는 시대를 맞이하게 됐다. 비슷한 시기 영화는 몽타주 기법을 발명하면서 서로 다른 숏들을 편집으로 연결하고 대비시키는 새로운 영상 언어를 발전시키기 시작했다. 이는 단일 화폭 안에서 통일성을 추구하던 전통적인 구도 개념을 파괴하는 것이다. 정리하면 20세기 모더니즘 예술은 사진과 영화의 매체적 변화에 영향을 받아 콜라주같이 이질적인 요소와 충돌과 조합을 통한 파편적 미학을 탐구하게 됐다. 이러한 변화는 모두 기술 복제 이미지가 가져온 현실 재현 방식의 혁신에 따른 파급효과라 할 수 있다.

영상과 사물

마셜 매클루언(Herbert Marshall McLuhan)은 "영화로 기계화가 명백하게 세분화되거나 계열화되었고 또 이를 넘어 영화는 계열과 연결들의 세계를 창조적인 구성과 구조의 세계로 이끌었다"라고 주장했다. 그는 이것이 선형적인 연결에서 자유로운 구성으로의 이행을 의미한다고 말한다. 이때 세분화와 계열화는 숏이 대체 가능한 단위로 분화되고 배열된다는 의미다.

1895년 뤼미에르 형제가 상영한 〈뤼미에르 공장을 나서는 노동자들〉은 최초의 영화로 알려져 있는데 이는 실재의 시간을 기록한 것으로 단순히 프레임들의 선형적인 연결이었지만 이후 영화가 숏으로 분화되면서 영화는 숏을 비선형적으로 조합하는 자신만의 언어를 창조하게 된다.

미셸 푸코(Michel Foucault)의 《말과 사물》에 의하면 중세 시대에는 말이 사물과 붙어 있었다. 예를 들어 금화는 정말 금으로 만든 화폐였다. 17～18세기 고전주의 시대에 이르러 점차 사물로부터 분리되기 시작해 근대에 들어와 말은 더 이상 사물에 직접 결속되지 않고 자율적인 구조로 부상한다. 가상 화폐는 그것이 지시하는 사물이 존재하지 않는다. 말, 즉 언어가 사물로부터 분리되면서 나타난 두드러진 결과 중 하나가 문학, 특히 소설의 부상이다. 푸코는 근대적 의미의 문학이 18세기 말과 19세기 초에 역사적으로 출현해 언어가 그 자체의 존재를 드러낼 수 있는 자율적인 공간을 확보했다고 보았다. 즉 언어의 역할이 지식이나 사물의 재현에 묶여 있지 않고 언어 그 자체를 탐구하고 드러내는 장으로서 문학이 등장한 것이다. 특히 19세기 후반 상징주의와 20세기 모더니즘의 언어 실험은 푸코가 말한 자율적 문학 공간의 실질적인 사례다.

푸코의 언어와 사물의 관계를 영상으로 확장하면 초기의 사진과 영화는 사물로부터 분리되기 전의 말처럼 실재와 붙어 있는 매체였다. 그러나 영상이 숏으로 분화되고 픽셀로 분화되면서 사물로부터 자유로운 가상 또는 추상의 세계를 표현할 수 있게 되었다.

영상의 언어화

베냐민이 "기술 복제 시대의 예술 작품"이라는 글을 썼던 1935년은 이미 영화가 기존 예술과 다른 자신만의 언어를 완성한 때였다. 1902년 멜리에스(Georges Méliès) 감독의 〈달나라 여행〉은 연극을 카메라로 촬영한 것처럼 무대라는 하나의 신으로만 구성된 영화였다. 1903년 에드윈 포터(Edwin Porter)는 〈대열차 강도〉에서 영화를 다양한 신으로 분화해 재배열하는 편집을 시도했다. 그러나 아직 신은 하나의 덩어리로 숏으로 분화되지 못했다. 그러나 이 영화의 마지막 장면은 강도가 관객을 향해 총을 쏘는 모습을 클로즈업 숏으로 보여 준다. 이는 전체의 신이 부분의 숏으로 구성될 수 있는 가능성을 보여 준 실험적인 시도였다.

영화 초창기 바이오그래프(Biograph) 사에서 수백 편의 단편 영화를 제작했던 그리피스(David Wark Griffith) 감독은 1915년 〈국가의 탄생〉을 대중적으로 크게 성공시키면서 장편 영화의 시대를 열었다. 이 영화는 숏, 신, 시퀀스라는 개념을 정립하고 클로즈업 숏, 롱숏, 교차 편집 등 현대 영화문법의 대부분을 집대성했다. 또 그는 다음 해 상영한 영화 〈인톨러런스〉에서 평행 편집을 실험하면서 영화를 예술의 경지로 발전시켰다. 그가 완성한 편집은 연속 편집(Continuity editing)으로 시공간의 연속성, 행동의 연속성을 보장하는 숏의 연결로 비가시 편집(Invisible cutting)이라고도 한다. 이러한 연속 편집은 컷을 통해 시간을 압축하면서 연속된 실제의 환영을 만드는 기술을 말한다. 그러므로 영상은 여전히 실재와 연결되어 있고 영상이 실재의 지시체라는 사실은 변함이 없었다.

숏을 실제와 분리하는 실험은 러시아에서 일어났다. 그리피스에 영향을 받은 러시아 연출가인 레프 쿨레쇼프(Lev Kuleshov)는 배우 이반 모주킨(Ivan Ilyich Mozzhukhin)의 무표정 얼굴의 클로즈업 숏 다음에 수프 한 그릇과 연결해 배고픔을, 관 속에 아이와 연결해 슬픔을, 요염한 여성과 연결해 욕망을 나타냈다. 이 실험을 통해 쿨레쇼프는 숏이 다른 숏과의 관계 속에서 의미를 만들어 낸다는 사실을 발견했다. 즉 숏으로 분화된 영상이 이제 실제 사물과 분리되어 자유롭게 서로 관계를 갖고 그 관계를 통해 의미를 창조하게 되면서 영상이 언어로 거듭나게 된 것이다.

인위적 풍경(Artificial Landscape) 또는 창의적 지리(Creative Geography) 역시 쿨레쇼프가 창안한 개념으로, 서로 다른 장소에서 촬영된 장면들을 연결해 관객이 이를 하나의 연속된 공간으로 인식하게 만드는 편집 방식이다. 예를 들어 한국의 무대에서 피아노를 치는 피아니스트의 숏과 미국의 강당에서 환호하는 관객의 숏을 연결해 미국 관객의 환호를 받는 한국 피아니스트의 스토리를 만들 수 있다. 이러한 실험은 숏의 의미가 그것이 지시하는 실재의 기의에 의해 전적으로 의존하기보다 숏과 숏 간의 관계에 따라 그 의미가 새롭게 발전할 수 있음을 보여 주었다.

푸도프킨(Vsevolod I. Pudovkin)은 쿨레쇼프의 제자로, 몽타주를 구성적 편집이라 부르며 필름 조각들을 벽돌처럼 하나씩 쌓아 올려 장면을 구성한다는 접근법을 발전시켰다. 그에게 몽타주는 순차적 연결을 통해 이야기의 논리와 감정을 구축하는 도구였으며 이러한 방식으로 영화 서사의 질감을 풍부하게 만드는 것을 목표로 삼았다.

예이젠시테인(Sergei Eisenstein)은 몽타주를 단순한 연결이 아닌 숏과 숏 사이의 충돌과 대립을 통해 새로운 개념과 정서를 창출하는 과정으로 정의했다. 그는 영화 〈전함 포템킨〉(1925)의 오데사 계단 시퀀스 속 학살 장면에서 규칙적인 병사의 발걸음과 혼란에 빠진 민중을 교차시켜 리듬감 있게 분절했는데, 이는 충돌 몽타주의 대표적 사례다. 이러한 숏들의 상징적 충돌은 표면적 이야기 이상의 추상적 의미, 예컨대 억압하는 권력 대 희생되는 민중이라는 개념을 창출해 관객에게 강렬한 사상적 메시지를 전달한다.

몽타주는 소비에트 영화에서 혁명 이데올로기를 전달하는 선동적 영화 언어로 발전했고 한편 할리우드에서는 연속 편집이 중심이 된 고전적 내러티브 영화 언어가 확립되는 등 1920년대 후반에는 영화 표현 방식이 여러 갈래로 분화되었다. 이는 곧 영화가 단순한 기록이나 연극의 대체물이 아니라 편집이라는 고유한 수단을 통해 현실을 재창조하고 관객의 지적 그리고 정서적 체험을 설계하는 새로운 예술 언어로 자리 잡았음을 의미한다.

지가 베르토프(Dziga Vertov)의 영화 〈카메라를 든 사나이〉(1929)는 카메라의 눈(Kino-Eye)을 통해 시간을 거꾸로 돌리고, 동작을 슬로 모션으로 늘이고, 여러 영상을 이중노출로 겹치고, 클로즈업으로 공간을 축소하는 등 인간의 지각 능력을 확장했다. 그는 영화 카메라를 인간의 눈에 대한 기계적 확장으로 간주해 영화가 인간이 보지 못하는 것까지 볼 수 있게 해 주고 심지어 기존에 없던 형태로 현실을 포착할 수 있다고 주장했다. 이는 대중의 세계 경험 방식 자체를 바꾸어 놓았다.

베냐민 역시 "기계 복제 시대의 예술 작품"에서 영화가 지닌 특징으로 충격 효과와 광학적 무의식을 들면서 영화가 인간의 지각 체계를 변형했다고 주장했다. 또한 카메라가 포착한 클로즈업 영상이나 슬로 모션 장면은 평소 맨눈으로는 의식하지 못하던 세계의 세부를 드러냄으로써 우리의 감각 지평을 확장할 뿐만 아니라 인간의 잠재적 무의식을 드러낼 수 있다고 했다. 이처럼 영화는 기술 매체로서 인간 감각의 연장자이자 교정자로 기능하며 관객들은 영화를 통해 보고 느끼는 법 자체를 새로 배우게 된다. 영화 편집 기술의 발전은 단순한 서사 전달 방식을 넘어 새로운 예술 언어의 탄생으로 이어졌다. 정리하면, 숏의 도입과 교차 편집으로 시작된 영화의 시·공간 해체는 러시아 몽타주 이론가들에 의해 사상적 몽타주로 정교화되었다. 그리고 기술 복제 이미지로서 영상은 실재를 바라보는 인간의 눈을 확장하면서 20세기 모더니즘 미술 전반의 해체-재구성 흐름과 발맞추어 발전했다.

영상의 파편화

컴퓨터가 본격적으로 보급된 20세기 후반부터 시각 정보를 다루는 방식은 아날로그 중심에서 디지털 중심으로 급격히 전환됐다. 디지털 이미지가 탄생하려면 현실의 빛과 색이 픽셀(pixel)이라는 최소 단위로 나뉘어 이진수 형태로 저장되어야 하는데 이는 곧 연속적 물리 현상이 컴퓨터 안에서 불연속적 데이터로 해체됨을 의미한다. 이런 파편적 데이터 구조는 아날로그 필름이나 인화지처럼 일체화된 물질적 매체와 달리 전자적으로 저장 가공될 수 있는 자유도를 크게 높인다. 예를 들어 특정 이미지의 일부 픽셀만 선택해 색상이나 위치를 바꿔도 다른 부분에 영향을 주지 않는 비파괴적(non-destructive) 편집이 가능해진다.

1970년대부터 컴퓨터 그래픽 시스템이 점차 상용화

되면서 이미지를 픽셀 단위로 분해하고 재구성할 수 있는 환경이 마련되었다. 특히 1990년대 이후 출시된 포토샵, 프리미어 프로, 애프터 이펙트 등은 사용자 인터페이스를 통해 레이어(Layer) 개념을 도입함으로써 이미지를 모듈식으로 관리하고 편집하는 방식을 정착시켰다. 편집자는 레이어를 통해 하나의 이미지나 영상 클립을 여러 조각으로 분리해 각각 조정할 수 있고 투명도, 블렌딩 모드, 마스크(Mask) 등을 통해 특정 요소만 부각하거나 은폐할 수도 있다. 이러한 레이어 기반의 비선형 편집은 단순한 기술적 편의성을 넘어 시각 예술의 미학적 전환을 이끌었다. 레이어 구조는 렌즈 기반의 연속적 시각 재현에서 벗어나 디지털 이미지가 파편적 요소들의 조합에 불과함을 직관적으로 드러냈다.

디지털 환경에서 이미지 조각들은 일종의 기호처럼 기능하며 고정된 의미를 탈피해 문맥에 따라 가변적인 상징으로 활용된다. 실제로 미술사학자 미첼(W.J.T. Mitchell)은 디지털 이미지 기술이 시각적 기호들의 고정된 의미를 상실시켜 무한한 재조합을 가능케 한다고 설명한다.

이처럼 컴퓨터가 구현하는 분할 재조립 가능한 데이터 구조는 시각 예술이 재현했던 하나의 연속된 세계라는 개념 자체를 해체하고 이미지, 소리, 텍스트 등을 모듈적 요소로 보는 새로운 관점을 형성했다. 결국 디지털 편집 도구에서는 영상이 더 이상 단일한 연속 장면이 아니라 모듈화된 요소들의 집합으로 이해되며 편집자는 이 요소들을 필요에 따라 파편화해 조합할 수 있다.

컴퓨터의 데이터 처리 원리와 소프트웨어 알고리즘은 시각 예술가들에게 파편화와 재조합을 위한 전례 없는 도구를 제공했다. 이는 한편으로 몽타주와 콜라주가 보여 주었던 단편들의 충돌과 새로운 의미 창출이라는 전통을 계승하면서 다른 한편으로는 코드에 의해 운영되는 미디어의 유연성과 확장성을 극대화한 결과다. 이러한 디지털 파편화 과정은 예술을 단순한 모방의 장이 아니라 데이터의 재조립을 통한 의미 생산의 장으로 전환했다. 이는 20세기 전반의 콜라주 기법이나 파편적 미학이 디지털 기술로 한층 확장된 결과로 볼 수 있다.

시각 문화 전문가 레프 마노비치(Lev Manovich)는 뉴미디어의 특성으로 숫자화와 모듈성을 꼽는데, 디지털 이미지는 그림, 소리, 문자 같은 요소들을 모듈화해 독립적인 부품처럼 다루면서 필요에 따라 수정, 결합한다. 또 영상이 픽셀 단위로 모듈화되면서 더 이상 하나의 고정된 현실을 복제하는 것이 아니라 가상적으로 조립하는 언어가 된 것이다. 유튜브의 밈 같은 리믹스 영상을 보면 사용자들이 기존 영상의 일부를 자유롭게 편집하고 합성하는 것을 볼 수 있다.

푸코가 지적한 언어와 사물의 분리는 역사적으로 문자 언어뿐 아니라 시각적 이미지의 영역에서도 진행되어 왔다. 사진이 현실의 기록으로 여겨지던 초기 단계에서 영화 몽타주를 거쳐 디지털 픽셀 이미지에 이르기까지 영상은 사물(현실)에 붙어 있던 상태에서 점차 분리되어 하나의 언어 체계로 발전해 왔다. 이 과정에서 영상 매체는 더 정교한 표현 수단이 되었을 뿐 아니라 현실에 얽매이지 않는 창조성의 공간을 열어 주었다. 마치 근대 문학이 언어 자체에 대한 탐구를 통해 새로운 상상력을 이끌어 냈듯이 현대의 영화, 디지털 아트, 게임 등의 매체는 영상 언어의 실험을 통해 전에 없던 서사와 경험을 창출하고 있다.

AI 생성 이미지의 원자화

생성형 AI는 방대한 이미지를 단순히 무작위로 취합하는 대신 이미지와 텍스트 내에 내재한 통계적 패턴을 추출하고 이를 선택적으로 조합해 새로운 이미지를 창출한다. 이러한 방식은 다양한 스타일과 소재가 한데 융합된 혼종성(Hybridity)을 특징으로 한다. 마노비치에 따르면 이때 신경망 내부에 축적되는 것은 이미지나 텍스트 자체가 아니라 그 특징 조각들이다. 이는 네트워크 내부에서만 유의미한 문화 원자(Culture Atoms)로 재편되며 인간의 직관적 범주와 달리 알고리즘적 분해가 이뤄진다는 점에서 시각 예술의 파편화 전통과 맥이 닿는다.

생성형 AI가 방대한 데이터세트를 학습하는 과정은 19세기 회화나 20세기 전위 예술이 했던 파편화 작업을 자동화하고 대규모화한 것으로 볼 수 있다. 수많은 이미지를 문화 원자 수준으로 쪼개고, 특정 요소들 간의 통계적 관계를 파악해, 이후 새로운 이미지를 생성할 때, 이 조각들을 확률적으로 결합해 전혀 다른 결과를 도출한다. 예를 들어 얼굴 이미지를 학습한 모델은 코, 입, 눈, 귀 등 각 세부 요소를 별개 패턴으로 분산 저장한 뒤 사용자의 프롬프트에 따라 새로운 얼굴 조합을 만들어 낸다.

인상주의 화가가 순간적 인상을 화폭에 담았듯이 생성형 AI는 실제를 정확히 복제하기보다 데이터로부터 추출한 패턴의 인상을 재구성한다. 세잔이 사물을 원뿔, 구, 원통으로 나누어 보았듯이 AI는 이미지를 수많은 픽셀 패턴이나 추상적 특징 벡터로 쪼개고 피카소와 브라크가 신문지나 벽지를 화면에 붙이듯 그 비가시적 조각들을 새로운 맥락에서 재조합해 전혀 다른 양식적 특징을 생산한다. 결과적으로 AI는 시각 예술의 파편화와 재조합이라는 과정을 극도로 효율화하고 문화 원자 단위로 파편을 다루는 도구가 되어 간다. 이러한 AI 이미지 생성 역시 대단히 분산된 형태의 리믹스와 전유(Appropriation)로 규정할 수 있는데, 이는 현대 인터넷 리믹스 문화의 연장선에서 AI가 기존 시각 자료들을 폭넓게 재활용함을 시사한다.

아울러 20세기 초현실주의와 다다이즘이 예술에 도입한 우연성과 자동성은 생성형 AI의 확률적 생성 메커니즘과 상응한다. AI 생성 이미지는 알고리즘적 우연성에 의해 매 순간 변화하는 시각적 결과를 내놓으며 이러한 창발성은 전통 예술의 계획된 구성미와 구별되는 미덕으로 평가된다. 이렇게 생성형 AI 예술은 인상주의 이후 현대 미술이 보여 준 표현 혁신이 맥락을 잇고 콜라주적 기법을 디지털 알고리즘으로 변용하면서 한편으로는 과거 미학을 계승하고 다른 한편으로는 새로운 차원의 미학을 열어 가고 있다.

예술가는 더 이상 모든 요소를 직접 그리는 대신 다양한 데이터세트에서 추출한 무수한 파편을 재배열해 새로운 이미지를 촉발하고 선택함으로써 협업 창작을 수행한다. 이는 원본과 복제본의 경계, 작가와 알고리즘의 창의성 배분, 예술적 가치와 저작권 문제 등을 재검토하게 만든다. 궁극적으로 AI의 자동화된 파편화와 재조합은 시각 예술을 한계 없는 실험장으로 탈바꿈시키고 있으며 예술의 지평을 확장하는 전환점으로 평가된다.

참고문헌

Benjamin, W.(1964). The work of art in the age of its mechanical reproducibility. In Arendt, H.(ed.). *Illuminations*. Schocken Books, https://web.mit.edu/allanmc/www/benjamin.pdf

Foucault, M.(1966). *Les mots et les choses: Une archéologie des sciences humaines*. Gallimard. 미셸 푸코. 《말과 사물》(2012). 이규현 옮김. 민음사.

Gao, J. & Yin, J.(2024.3). Meta style: The visual maze of AIGC art. *SHS web of conferences*, 183(4), https://www.researchgate.net/publication/378709670_Meta_Style_The_Visual_Maze_of_AIGC_Art

Goodfellow, P.(2024). The distributed authorship of art in the age of AI. *Arts*, 13(5), 149, https://www.mdpi.com/2076-0752/13/5/149

Manovich, L.(2019). AI aesthetics. Moscow. Strelka Press, http://manovich.net/index.php/projects/ai-aesthetics

McLuhan, M.(2003). *Understanding media: The extensions of man* (Critical ed.). In Gordon, W. T.(ed.). Gingko Press. 김상호 옮김(2011). 《미디어의 이해: 인간의 확장(개정판)》.

커뮤니케이션북스.

Romm, J.(2023.4). Dziga Vertov and the kino-eye. *The Brooklyn rail,*
https://brooklynrail.org/2023/04/film/Dziga-Vertov-and-the-Kino-Eye/

Zone, R.(2012.5.15). Revisiting some classic texts of film editing. *Cinemontage,*
https://cinemontage.org/classic-texts-of-film-editing/

01
AI 생성 이미지란

AI 생성 이미지는 사실성과 창의성으로 예술 분야에서 인간과 경쟁하고 있다. 초기 컴퓨터 예술은 알고리즘 기반 도형 생성으로 시작했고, 딥 러닝과 트랜스포머, 텍스트 투 이미지(T2I, Text-to-Image) 모델의 등장으로 언어만으로도 이미지를 창작할 수 있게 되었다. 이는 예술의 자율성과 창작 주체에 대한 새로운 논의를 이끌고 있다.

기후 위기와 인공지능?

AI 생성 이미지의 부상

AI 생성 이미지는 이미 인간의 그림을 능가했다. 2022년 콜로라도 주립 박람회 미술대회의 디지털 부문에서 게임 기획자 앨런(Jason M. Allen)이 미드저니(Midjourney)로 생성한 〈스페이스 오페라 극장(Théâtre D'opéra Spatial)〉이 신진 디지털 아티스트 콘테스트에서 대상을 수상하며 AI로 제작한 작품 중 최초로 상을 받은 작품이 되었다.

2014년 이언 굿펠로(Ian Goodfellow)가 생성적 적대 신경망(GAN, Generative Adversarial Network)으로 생성자(Generator)와 판별자(Discriminator)의 경쟁 구조를 통해 실재 같은 이미지를 생성하기 시작한 이래 AI 생성 이미지가 지속적으로 발전했고, 이제 사진과 분간할 수 없을 만큼 사실적 경험을 만들고 있다. 2023년 독일 사진가 엘다그센(Boris Eldagsen)이 국제 소니 사진전에 〈위기억: 전기 기술자(Pseudomnesia: The Electrician)〉를 출품했을 때 심사위원들은 그 작품이 인공지능이 생성한 것인지 전혀 몰랐다. 그는 크리에이티브 부문에서 수상했지만 그 작품이 AI로 생성한 이미지임을 밝히고 수상을 포기했다.

2024년 휴머노이드 로봇 아이다(Ai-Da)가 그린 앨런

튜닝의 초상화 〈AI 신(A.I. GOD)〉이 런던 소더비 경매에서 108만4800달러(약 16억 원)에 낙찰됐다. 소더비는, 이는 현대 미술사의 한 획을 그은 것으로, AI 기술과 국제 미술시장의 접점이 증가하고 있음을 보여 준다고 평가했다. 이제는 일반인들도 챗GPT, 달리(DALL · E), 미드저니, 스테이블 디퓨전(Stable Diffustion) 같은 생성형 AI 모델을 사용해 이미지를 활발히 생성하고 있다. 2025년 6월 기준, 페이스북의 한 그룹(AI: Artificial Intelligence)에는 349만 명의 멤버들이 활동하고 있다.

생성 이미지란

생성 이미지란 인간이 직접 그린 그림이나 촬영한 사진이 아니라 컴퓨터 알고리즘이나 인공지능이 자동으로 만든 이미지를 말한다. 그러나 생성 이미지의 출발은 컴퓨터이기 때문에 그 기원을 거슬러 올라가 보자.

1960년에 컴퓨터를 예술 창작에 활용하려는 최초의 시도가 있었다. 당시 대형 메인프레임(mainframe)을 다룰 수 있었던 일부 과학자와 엔지니어들이 초기 컴퓨터 예술의 주역이었다. 이들은 알골(Algol), 포트란(Fortran) 등의 프로그래밍 언어로 알고리즘을 작성해 도형과 패턴을 생성했고 결과를 펀치 카드로 입력해 펜 플로터

(plotter: 펜을 움직여 그림이나 도면을 그리는 출력 장치)로 종이에 그려 냈다.

1963년 미국의 아이번 서덜랜드(Ivan Sutherland)는 MIT 박사 논문으로 세계 최초의 대화형 그래픽 시스템인 스케치 패드(Sketchpad)를 개발했다. 스케치패드는 사용자가 라이트펜으로 컴퓨터 화면에 직접 도형을 그리는 혁신적인 프로그램으로, 그래픽 사용자 인터페이스(GUI, Graphic User Interface)의 시원이라 할 수 있다.

1965년 2월 독일 슈투트가르트 기술대학에서 열린 'Generative Computergraphik(생성형 컴퓨터 그래픽)' 전시회에서 니스(Georg Nees)와 나케(Frieder Nake)는 '생성(Generative)'을 컴퓨터 프로그램이 자동으로 이미지를 생산한다는 의미로 사용했다. 최초의 컴퓨터 예술 전시로 평가되는 이 전시회에서 그들은 수학적 알고리즘을 활용해 기하학적 도형의 변형, 반복, 중첩을 통해 복잡한 시각 패턴을 생성했다.

같은 해 4월 뉴욕 하워드 와이즈 갤러리(Howard Wise Gallery)에서 벨 연구소의 놀(A. Michael Noll)과 줄레즈(Béla Julesz)가 컴퓨터로 생성된 그림을 모은 "컴퓨터 생성 그림(Computer-Generated Pictures)" 전시회

를 개최했다. 전시에서 그림(pictures)이라는 표현을 쓴 것이 흥미롭다. 아직 컴퓨터 이미지가 예술로 인정받지 못했음을 보여 준다.

1970년대에는 컴퓨터를 통한 이미지 생성이 보다 정착되고 다양화되었다. 이 시기의 대표적인 이미지 생성 프로그램은 코언(Harold Cohen)이 개발한 아론(AARON)이었다. 아론은 일련의 규칙과 인공지능적 의사 결정 로직을 통해 자율적으로 그림을 그리는 소프트웨어로, 최초의 예술 창작 인공지능으로 평가받았다. 코언은 플로터와 로봇 팔에 연결된 펜과 브러시를 통해 아론이 생성한 그림을 실제 종이에 그려 내도록 했다. 1970년대 후반 아론의 작품들은 샌프란시스코 현대미술관(SFMOMA)을 비롯한 여러 미술관에서 전시되며 큰 반향을 일으켰다. 규칙 기반 AI와 예술의 결합 가능성을 처음 제시한 사례로, 이후 컴퓨터가 창작 주체로 참여하는 예술에 대한 담론을 촉발했다.

1980년대에 개인용 컴퓨터가 등장하면서 그래픽 기술이 진보하기 시작했다. 특히 프랙탈(fractal: 자기 유사적 수학적 기하 구조) 기하학의 등장은 1980년대 컴퓨터 그래픽 예술의 새로운 지평을 열었다. 수학자 망델브로(Benoit Mandelbrot)는 프랙탈 기하학 이론과 자기 유사적 형태(self-similar form: 전체 구조와 부분 구조가 닮은 형태)를 컴퓨터로 시각화하면서 큰 반향을 일으켰다. 1980년대 중반 공개된 망델브로 집합 이미지는 대중에게 컴퓨터 수학 예술의 아름다움을 각인시켰다. 프랙탈 이미지는 복잡하면서도 규칙적인 자연의 패턴을 컴퓨터 알고리즘으로 생성해 낸 사례로 예술과 과학의 융합을 보여 주었고, 이후 건축 디자인에도 영향을 미쳐 프랙탈 개념을 건축 형상에 적용하려는 시도가 나타났다.

1990년대는 포토숍(Adobe Photoshop)을 비롯한 각종 그래픽 소프트웨어의 등장으로 사진 편집부터 3D 모델링까지 폭넓은 시각 창작 작업이 디지털 환경에서 이뤄지게 됐다. '생성 예술(Generative Art)'이라는 용어는 1998년 밀라노에서 열린 '제너레이티브 아트' 콘퍼런스에서 처음 사용되었다. 이 용어는 단순한 요소를 반복, 변형, 변주해 더 복잡한 형태를 생성하는 기하학적 추상 예술을 설명하는 데에도 사용되었다. 1998년부터 이탈리아 밀라노에서 매년 제너레이티브 아트 콘퍼런스가 열리며 예술가와 연구자들이 생성 예술의 이론과 작품을 논의하기도 했다.

2000년대에 들어서면서 컴퓨터를 활용한 이미지 및 예술 생성 기법은 더욱 대중화되고 민주화되었다. 특히

2001년 MIT 미디어 랩의 리아스(Casey Reas)와 프라이(Ben Fry)가 개발한 오픈 소스 비주얼 프로그래밍 환경인 프로세싱(Processing)은 기존 프로그래밍 언어의 복잡한 문법을 단순화하고 그래픽 출력을 직관적으로 구현할 수 있도록 설계되었다. 프로세싱의 등장은 생성 예술 부흥의 기폭제 역할을 했고, 이를 통해 수많은 예술가가 알고리즘 미술, 복잡한 도형 패턴 생성, 데이터 시각화, 상호작용 예술 등에 입문하며 다양한 작품들을 선보이게 되었다.

AI 생성 이미지

2010년대 초반 딥 러닝 기술의 발전으로 컴퓨터는 이미지를 인식하고 분석하는 능력을 갖추게 되었다. 특히 2012년 이미지넷(ImageNet) 대회에서 딥 러닝 기반 모델인 알렉스넷(AlexNet)이 압도적인 성능으로 우승하면서 합성곱 신경망(CNN, Convolutional Neural Network)을 활용한 이미지 분류와 객체 인식 기술이 본격적으로 주목받기 시작했다. 이를 통해 컴퓨터는 사진 속 사물이나 패턴을 높은 정확도로 식별할 수 있게 되었고, 이러한 이미지 이해 기술은 곧 창의적 응용으로 확장되었다. 그 대표적인 사례가 2015년 등장한 뉴럴 스타일 전이(Neural

Style Transfer)로, 고흐나 피카소 같은 화풍을 일반 사진에 입히는 기술이다. 이 기법은 CNN을 활용해 이미지의 내용과 스타일을 분리하고 재결합함으로써 컴퓨터가 학습한 시각적 특징을 새로운 이미지로 재구성하는 초기 예술적 시도로 큰 반향을 일으켰다. 특히 모바일 앱 프리즈마(Prisma)는 이 기술을 대중적으로 확산시키는 데 중요한 역할을 했다.

이후 2014년 굿펠로가 제안한 생성적 적대 신경망(GAN)은 인공지능이 전혀 새로운 이미지를 만들어 내는 전환점을 마련했다. 대표적인 사례는 2019년 등장한 '이 사람은 존재하지 않는다'라는 웹사이트(https://thispersonnotexist.org/)로, GAN을 활용해 실재처럼 보이지만 존재하지 않는 인물 사진을 실시간으로 생성함으로써 AI 이미지 생성의 가능성과 윤리적 쟁점을 동시에 드러냈다.

2021년 이후에는 오픈AI의 달리, 미드저니, 스테이블 디퓨전 등 텍스트 투 이미지(T2I) 기반의 확산 모델들이 본격적으로 등장하면서 사용자의 언어적 설명만으로 상상 속 이미지를 구현할 수 있게 되었다. 예를 들어 달리 2는 '우주복을 입고 피자를 먹는 바다 수달' 같은 문장을 입력하면 해당 장면을 실재처럼 묘사한 이미지를 자동으로 생성할 수 있다. 이처럼 최신 인공지능은 자연어를 해석해 시각적 창작으로 전환하는 능력을 갖추었으며, 인간은 복잡한 코딩이나 데이터 설계 없이도 언어만으로 창작을 실현하는 새로운 언어 비전 AI 시대를 열었다.

필립 갈란터(Philip Galanter)는 생성 예술을 "예술가가 자연어 규칙의 집합, 컴퓨터 프로그램, 기계, 또는 다른 절차적 발명 같은 시스템을 사용해 어느 정도의 자율성을 가지고 작동하면서 완성된 예술 작품에 기여하거나 결과물을 만들어 내는 모든 예술 실천"이라고 정의했다. 현재 생성이라는 용어는 AI와 결합해 한층 더 자율적인 예술 표현으로 확장되고 있다. 그러므로 AI 생성 이미지에서 생성이란 말은 AI의 자율성을 내포한다. 제이콥 터너(Jacob Turner)는 이러한 자율성을 "비자연적인 존재가 평가 과정에서 선택할 수 있는 자율성"이라고 설명하면서 AI가 독립적으로 창의적인 선택을 할 수 있다는 가능성을 강조했다. 결국 이러한 자율성을 갖는 AI는 인간 개입을 최소화하면서 데이터를 창의적으로 조합해 새로운 미학을 드러내는 예술적 가치를 창조할 가능성을 갖는다.

참고문헌

신종천(2023). 생성 예술 계보 속 생성형 인공지능 기반 예술에 관한 연구 – 생성 예술의 시스템적 관점으로 본 디퓨전 모델. 《인공지능인문학연구》, 15, 236-265쪽, https://www.kci.go.kr/kciportal/ci/sereArticleSearch/ciSereArtiView.kci?sereArticleSearchBean.artiId=ART003044754

홍정한·변형균(2024). 《멀티모달 생성AI 인사이드》. 한빛미디어.

Galanter, P.(2003). What is generative art? Complexity theory as a context for art theory. *Generative Art: Proceedings of GA, 2003*, pp.271-292, https://www.philipgalanter.com/downloads/ga2003_paper.pdf

Kingma, D. P. & Welling, M.(2013.12.20). Auto-encoding variational bayes. *ArXiv*, https://arxiv.org/abs/1312.6114

Turner, J.(2019). *Robot rules: Regulating artificial intelligence*. Palgrave Macmillan, https://link.springer.com/book/10.1007/978-3-319-96235-1

02
AI 생성 이미지의 발전과 가능성

AI 생성 이미지는 VAE, GAN, 확산 모델, 트랜스포머의 기술적 진화를 거쳐 인간의 상상을 이미지로 구현하며 예술 창작 방식에 전환을 가져왔다. AI 생성 이미지는 인간 · AI 협업을 통한 창의성 확장 도구이자 고유한 미학과 문화적 아우라를 지닌 새로운 예술 형식의 가능성을 갖고 있다.

노래하는 AI 보컬?

VAE와 GAN

이미지 생성 AI 모델은 지난 10여 년간 급속도로 발전하며 시각 콘텐츠 창작 방식을 혁신적으로 바꿔 왔다. 2010년대 초반 VAE(Variational Autoencoder, 변분 오토인코더)와 GAN(Generative Adversarial Network, 생성적 적대 신경망)이 등장한 것을 시작으로, 이후 확산 모델(Diffusion Model), 비전 트랜스포머(ViT), 스테이블 디퓨전 등 더욱 강력한 기법들이 속속 개발되었다. 텍스트와 이미지를 결합한 클립(CLIP), 달리(DALL-E), 이매진(Imagen), 파티(Parti) 같은 모델은 자연어 설명만으로도 이미지를 생성할 수 있게 했으며, GPT-4, 라마(LLaMA), 제미나이(Gemini) 등 대화형 AI는 시각 생성 기술을 대화형 서비스와 결합해 사용자 경험을 확장하고 있다.

2013년에 개발된 VAE는 이미지를 더 단순한 수치 공간인 잠재 공간(latent space)으로 변환하는 인코더와 이 공간에서 다시 이미지를 재구성하는 디코더로 구성된 인공지능 모델이다. 이 잠재 공간은 원본 이미지의 핵심 특징을 간결하게 요약한 벡터 공간이며, 각 벡터는 하나의 이미지가 가질 수 있는 다양한 표현 가능성을 담고 있다. 디코더는 이 벡터를 바탕으로 실제 이미지와 유사한 결과물을 만들어 낸다. VAE는 학습이 안정적이고, 생성 과정을 확률적으로 설명할 수 있으며, 잠재 공간이 구조화되어 있어 의미 있는 조절이나 탐색이 가능하다는 장점을 가진다. 하지만 생성되는 이미지의 선명도나 디테일이 다소 부족해 뚜렷한 시각적 품질을 요구하는 작업에는 한계가 있다.

이러한 단점을 극복하기 위해 2014년 굿펠로 등이 GAN을 제안했다. GAN은 생성자와 판별자라는 두 개의 신경망이 경쟁하며 학습하는 구조를 갖는다. 생성자는 진짜처럼 보이는 이미지를 만들고, 판별자는 그것이 실제 이미지인지 가짜인지 판단한다. 이 두 모델이 서로를 속이려는 경쟁을 반복하면서 생성자는 점점 더 사실적이고 선명한 이미지를 만들어 낼 수 있게 된다. GAN은 고해상도 얼굴, 풍경, 사물 이미지 생성에 뛰어난 성과를 보였다. 하지만 GAN 역시 단점이 존재한다. 그중 대표적인 것이 모드 붕괴(mode collapse) 문제다. 이는 생성 모델이 다양한 이미지를 만들어 내지 못하고 비슷한 형태의 이미지만 반복해서 생성하는 현상이다. 예를 들어 GAN이 다양한 인종, 연령, 표정을 가진 사람 얼굴 이미지를 학습했다고 가정하자. 제대로 작동한다면 다양한 얼굴이 생성되어야 하지만 모드 붕괴가 발생하면

젊고 밝은 피부 톤의 여성 얼굴만 반복적으로 생성하는 식이다. 이는 생성자가 판별자를 속이기 쉬운 특정 얼굴 유형만 선택적으로 학습했기 때문에 벌어지는 현상이다. 그 결과, 생성 모델은 전체 데이터의 다양성을 반영하지 못하고 제한적인 표현만 반복하게 된다. 이러한 문제를 해결하고 GAN의 품질을 높이기 위해 여러 개선 모델이 등장했다. DCGAN(Deep Convolution GAN)은 CNN(Convolutional Neural Network, 합성곱 신경망) 구조를 도입해 이미지의 안정적인 생성을 도왔고, 프로그레시브 GAN(Progressive GAN)은 저해상도에서 시작해 점진적으로 해상도를 높여가는 방식으로 학습 안정성을 향상했다. 스타일GAN(StyleGAN)은 특히 얼굴 이미지를 포함해 다양한 이미지 스타일을 계층적으로 조절할 수 있게 해 세부 요소(예: 머리 모양, 표정, 조명 등)를 독립적으로 제어할 수 있는 정교한 생성이 가능해졌다. 이처럼 다양한 기술적 개선을 통해 GAN은 초기의 불안정성과 모드 붕괴 문제를 점차 극복하며 고품질 이미지 생성 기술의 표준으로 자리 잡게 되었다.

확산 모델

2019년부터 GAN의 한계를 보완하기 위해 확산 모델이 주목받았다. 현대 확산 모델의 시초가 되는 모델인 DDPM(Denoising Diffusion Probabilistic Model)은 전방 확산(forward diffusion)으로 점진적 노이즈를 추가하고, 역방 확산(reverse diffusion)으로 노이즈 제거를 학습해 이미지를 생성한다. 매 단계 노이즈를 덜어 내며 이미지를 복원하기 때문에 GAN의 불안정한 학습 없이도 매우 선명하고 다양한 이미지를 생성할 수 있다. 그래서 확산 확률 모델은 학습의 안정성, 다양성, 이미지 품질 세 마리 토끼를 잡은 기법으로 평가받는다. 그러나 확산 모델은 샘플 생성이 느리다는 단점이 있었다.

2021년에 제안된 잠재 확산 모델(Latent Diffusion Model)은 고차원 픽셀 대신 저차원 잠재 공간에서 확산 과정을 수행해 계산 비용과 메모리 사용량을 대폭 절감했다. 2022년 뮌헨의 루트비히 막시밀리안 대학의 컴퓨터비전 연구 팀(CompVis)과 스태빌리티 AI(Stability AI) 등이 협력해 공개한 스테이블 디퓨전은 클립, 유넷(U-Net), VAE라는 주요 신경망 구조를 통합해 이미지를 생성한다. 사용자가 입력한 텍스트는 클립 텍스트 인코더를 통해 유넷이 이해할 수 있는 토큰으로 변환된다. 이 토큰들은 유넷에 의해 무작위로 생성된 노이지 이미지를 점진적으로 제거(Denoising)하는 데 사용되며, 이 과정을 반복함으로써 세밀하고 정확한 이미지가 만들어진다. 최종적으로 생성된 이미지를 VAE가 픽셀 공간으로 변환해 고해상도의 시각적 결과물로 완성한다. 스테이블 디퓨전은 이 기법을 오픈 소스로 배포해 개인 컴퓨터에도 고품질 텍스트 투 이미지 생성을 가능하게 해 AI 생성 이미지를 대중화했다.

지금까지 소개한 대부분의 생성 모델은 특정한 텍스트나 프롬프트 없이도 내부적으로 학습된 특징을 기반으로 무작위 입력을 통해 이미지를 생성할 수 있었다. 그러나 실제로 인간이 이미지를 상상하고 묘사하듯이 자연어 문장으로부터 이미지를 생성하는 것은 매우 흥미로운 과제였다. 2021년 이를 구현한 대표적인 모델이 오픈AI(OpenAI)의 달리 시리즈다. 달리는 거대한 텍스트-이미지 페어 데이터세트를 학습했으며, 트랜스포머(Transformer) 아키텍처를 기반으로 텍스트 토큰과 이미지 토큰을 하나의 일련의 시퀀스로 처리한다.

트랜스포머는 2017년 제안된 신경망 아키텍처로, 셀프 어텐션(self-attention) 메커니즘을 통해 입력 데이터 간의 관계를 효율적으로 학습한다. 원래 자연어 처리에 혁신을 가져온 트랜스포머는 이미지 생성 분야에도 도입되어 텍스트와 이미지를 하나의 시퀀스로 취급해 함께 처리하거나 텍스트를 이미지 생성 과정에 조건으로 반영하는 데 활용된다.

달리로 시작된 거대 멀티모달 모델은 클립과 확산 모델의 결합을 통해 2022년 달리 2, 미드저니, 이매진, 스테이블 디퓨전 등으로 진화했고, 사용자가 상상한 장면을 텍스트 프롬프트만으로 구현하는 시대를 열었다. 이렇듯 트랜스포머의 맥락 이해 능력, 확산 모델의 고품질 이미지 생성 능력, 그리고 잠재 공간의 효율성이 결합해 오늘날의 AI 생성 이미지를 구현하고 있다.

마지막으로 GPT-4와 제미나이(Gemini)로 대표되는 대화형 멀티모달 생성 시스템은 이러한 기술들을 통합해 보다 지능적이고 유연한 AI의 방향을 제시하고 있다. 이들은 단순한 이미지 생성기를 넘어 상황을 이해하고, 사용자와 상호작용하며, 필요한 모든 형태의 정보를 생성하는 생성형 AI 플랫폼으로 거듭나고 있다.

생성형 AI의 가능성

레프 마노비치(Lev Manovich)는 사진 사실주의부터 모자이크, 유화, 애니메이션, 3D 모델 등 다양한 미학을 가지고 있는 AI 생성 이미지가 서구의 원근법 채택이나 사진의 발명만큼 중대한 변화를 일으켰다고 주장한다. 많은 연구자들은 AI 생성 이미지를 회화, 사진, 영화 등의 기존 미디어와 완전히 다른 새로운 미디어로서의 예술의 가능성을 지니고 있다고 본다. 홍성욱과 조은서는 ANT(Actant-Network Theory, 행위자 네트워크 이론)의 관점에서 AI 생성 이미지는 단순히 AI가 독자적으로 창작하는 것이 아니라 인간과 비인간의 네트워크로 구성된 복합체로서, 기존 예술가들에게 새로운 창작 가능성을 연다고 주장한다. 또 생성형 AI의 사용이 발산적 사고를 촉진해 전문가의 확증 편향을 극복하며, 아이디어를 세련화해 인간의 창의성을 돕는다고 말한다. 발산적 사고란 새로운 아이디어를 자유롭게, 여러 방향으로 확장하는 사고방식을 말한다. 생성 AI는 예를 들어 아보카도 모양의 소파같이 기존에 없던 조합을 즉각적으로 시각화해 주기 때문에, 사용자가 상상한 것을 빠르게 실현하고, 다양한 방향으로 사고를 확장할 수 있게 돕는다. 이런 점에서 AI는 발산적 사고를 시각적으로 실험해 보는 도구로서 역할을 할 수 있다. 이렇게 AI는 사용자의 의도와 무관하게 예상 밖의 이미지를 제시해 줄 수 있기 때문에 기존의 관점이나 고정관념을 벗어나 새로운 접근을 하도록 자극할 수 있다. 이로 인해 전문가도 고정된 사고틀에서 벗어나 신선한 아이디어를 얻을 수 있게 된다.

근대적 사고는 인간과 비인간을 주체와 객체로서 엄격히 분리해 객체를 인간 주체가 인식하고 통제하는 고정된 대상으로 보았다. 그러나 인공지능은 그러한 고정된 대상이나 단순 도구에 머물지 않고 인간에게 강력한 영향을 미치는 자율적인 존재로 진화했다. 전통적인 관점에서는 주체인 인간이 AI를 객체인 도구로 활용해 이미지를 제작한다고 볼 수 있지만, ANT의 관점에서는 AI도 인간의 사고방식과 행동을 변화시키므로 AI와 인간은 동등하게 함께 네트워크를 형성한다고 볼 수 있다. AI가 등장하면서 업무와 작업 방식, 예술의 정체성, 저작권의 범위 등이 변화하고 있다. ANT는 사회를 인간이 만든 고정된 대상으로 규정하지 않고 다양한 인간과 비인간 행위자들의 끊임없는 상호작용을 통해 재조립되는 동적 관계망으로 파악한다. 예를 들어 사회는 인간끼리 완성한 건물이 아니라 인간과 비인간이 상호작용하면서 끊임없이 만들어 가는 공사 현장이다.

신종천은 미드저니, 달리, 스테이블 디퓨전 등 최근 대부분 생성형 AI가 채택하고 있는 확산 모델의 창발성(Emergence)을 예술의 원천으로 본다. 기존 이미지를 최대한 가깝게 흉내 내는 GAN 같은 모델과 달리 확산 모델은 노이즈를 주입하고 복원하는 과정을 통해 기존에 없던 이미지, 즉 창발적인 시각 결과물을 생성한다. 이는 마치 생명의 돌연변이처럼 예술에 다양성과 예측 불가능성을 부여한다. 그래서 생성형 AI는 예술가의 직관을 넘어 시각 세계를 확장하는 협업자가 된다.

시각 문화 전문가 마노비치와 이탈리아의 미학과 예술 철학 연구자인 에마누엘레 아리엘리(Emanuele Arielli)는 AI를 단순한 알고리즘이나 도구가 아닌, 인간의 미적 감각과 창의성의 경계를 확장하고 재구성하는 문화적 주체로 간주한다. 아리엘리는 AI가 단순한 도구가 아닌 이유를 AI의 객체 분석, 객체 생성, 주체 분석, 주체 생성의 능력을 통해 설명한다. 객체 분석으로 AI는 기존 이미지를 잘게 쪼개 패턴을 발견하고 추상적인 특징을 추출할 수 있다. 객체 생성으로 AI는 이미지의 패턴과 추상적 특징들을 토대로 직접 그림을 그릴 수 있다. 주체 분석으로 AI는 사람들이 어떤 것을 좋아하고 어떻게 반응하는지 분석할 수 있다. 마지막으로 주체 생성으로 AI는 마치 인간처럼 그림을 보고 평가하고 판단할 수 있다. 이는 AI가 인간처럼 미적 가치를 판단하고 평가하는 역할까지 수행할 수 있다는 것을 의미한다. 이들은 AI를 예술을 생성하는 기계이자 우리에게 '예술', '미적 가치', '창작자'를 어떻게 정의할지를 다시 묻게 하는 존재라고 주장한다.

리투아니아의 공공 커뮤니케이션 연구자인 이그나스 칼포카스(Ignas Kalpokas)는 베냐민(Walter Benjamin)이 "기술 복제 시대의 예술 작품"에서 기술과 예술 간의 관계를 분석한 것처럼 AI 생성 예술의 특성을 분석한다. 그는 AI 생성 예술이 전통 예술과 사진 및 영화 같은 영상 사이에 위치하면서 전통 예술처럼 아우라적 특성을 일부 유지하면서 영상처럼 전시 효과를 낼 수 있다고 주장한다. 미술과 조각 같은 전통 예술은 그 장소에 존재하는 유일한 작품으로 원본의 아우라를 가지고 있다. 그러나 사진과 영화는 원본을 기계적으로 복제해 아우라를 상실하지만 많은 공간에서 전시할 수 있는 가치를 획득한다. AI 생성 이미지는 원본 자체는 없고 복제도 쉬워 전통적인 아우라는 약하지만 인간 사회의 문화를 반영하는 데이터를 바탕으로 생성되기에 사회적·문화적 아우라를 갖는다고 볼 수 있다.

이들 전문가들은 AI 생성 이미지를 기존의 예술 장르와 구별되는 새로운 미디어이자 인간과 AI 간의 협력을 통해 예술의 경계를 재정의하는 중요한 존재로 평가하고 있다. AI 생성 이미지는 단순한 도구를 넘어 인간의 창의성과 미적 감각을 확장하는 새로운 문화적 주체이며, 인간과 AI가 상호작용해 창의성을 확장하는 복합적인 네트워크의 결과물이다. 또한 AI 생성 이미지는 기존 예술의 모방을 넘어 창발적이고 예측 불가능한 결과물을 제공함으로써 예술의 다양성을 증가시키고, 전통적인 예술의 고유성과 사진 및 영화의 복제 가능성을 결합해 독특한 사회적 · 문화적 아우라를 형성한다. 따라서 AI 생성 이미지는 기존 미디어와 차별화된 독자적 예술 장르이자 예술의 경계를 재정의하는 존재로 평가할 수 있다.

이렇게 AI 생성 이미지는 그 창작 주체, 창작 과정, 작품의 특성에서 미술이나 영상 같은 기존 이미지와 완전히 다른 새로운 이미지로, 새로운 예술로서의 가능성을 제시한다. 그런데 AI 생성 이미지는 시각 문화의 역사에서 돌연변이처럼 등장한 것이라기보다 이미지 기술의 진보에 따른 진화라고 볼 수 있다. 즉 미메시스의 역사를 종결시키는 사진의 등장과 기술 복제 이미지인 사진이 촉발한 이미지의 파편화와 추상화가 모더니즘 예술을 형성한 후 디지털 합성 이미지로 파편화와 추상화가 일반화되고 결국 AI 생성 이미지로 진화했다고 볼 수 있다.

참고문헌

권승태(2024). AI 생성 이미지의 정체성과 시각 예술의 변화.

《영상문화》, 45, 5-28쪽,
https://www.kci.go.kr/kciportal/ci/sereArticleSearch/ciSereArtiView.kci?sereArticleSearchBean.artiId=ART003151472
박계연(2024). 인공지능 시대의 세미오시스 – 헤일로 작품에서 드러난 인간-기술-자연이 상호작용 탐구. 《기호학 연구》, 78, 35-68쪽,
https://www.kci.go.kr/kciportal/ci/sereArticleSearch/ciSereArtiView.kci?sereArticleSearchBean.artiId=ART003151842
신종천(2023). 생성 예술 계보 속 생성형 인공지능 기반 예술에 관한 연구 – 생성 예술의 시스템적 관점으로 본 디퓨전 모델. 《인공지능인문학연구》, 15, 236-265쪽,
https://www.kci.go.kr/kciportal/ci/sereArticleSearch/ciSereArtiView.kci?sereArticleSearchBean.artiId=ART003044754
홍성욱·조은서(2023). 이미지 생성 AI의 도전과 문제들: 과학기술학의 행위자 네트워크 이론의 관점에서. 《사회와 이론》, 46, 7-51쪽,
https://www.kci.go.kr/kciportal/ci/sereArticleSearch/ciSereArtiView.kci?sereArticleSearchBean.artiId=ART003024435
홍정한·변형균(2024). 《멀티모달 생성AI 인사이드》. 한빛미디어.
Kalpokas, I.(2023). Work of art in the age of its AI reproduction. *Philosophy & social criticism*, pp. 1-19, *Sage Journals*,
https://journals.sagepub.com/doi/10.1177/01914537231184490
Manovich, L. & Arielli, E.(2021-2024). Artificial aesthetics: Generative AI, art and visual media,
https://manovich.net/index.php/projects/artificial-aesthetics

03
AI 생성 이미지의 사물성

AI 이미지에는 카메라 같은 현실의 흔적은 없지만 현실에서 학습한 정보로부터 생성된다는 점에서 사물성을 지닌다. 이는 기계적 복제에 기반한 기존 영상의 '복제적 사물성'과 구분되는 가능성 공간에서 확률적으로 구현되는 '확률적 사물성'이다. 즉 AI 이미지는 고정된 실체가 아닌 생성되는 사건이다.

인공지능과 편향?

영상의 사물성

사진 또는 영화의 한 프레임은 한때 실제로 존재한 장면을 포착한 것이기에 현실의 지표라는 속성을 지닌다. 반면 AI 이미지는 그런 존재의 흔적이 아닌 AI 모델이 출력한 결과물이다. 다시 말하면 영화 필름의 한 조각을 보면 이 장면은 실제로 카메라 앞에서 펼쳐졌다는 존재론적 함의가 있지만 AI 이미지에는 이 장면은 모델이 이전에 본 수많은 이미지의 통계적 평균으로 상상된 것이라는 함의가 있다.

영상(映像)을 렌즈를 통해 들어온 빛이 필름이나 센서에 기록되어 만들어지는 상이라고 정의할 때, 영상은 빛과 사물의 직접적인 상호작용을 통해 사물성을 획득한다. 여기서 사물성(materiality)이란 미디어나 예술 작품이 지닌 물질적이고 객체적인 속성으로, 인간의 주관적 해석이나 의도가 개입되지 않은 사물 간의 순수한 상호작용의 결과다. 예를 들어 렌즈로 모인 빛과 상호작용하는 사물은 빛을 반사하는 피사체, 빛을 집합하고 굴절하는 렌즈, 빛에 화학 반응하는 필름, 빛을 전기 신호로 변환하는 센서 등이 있다.

필름과 센서에 기록되는 이미지의 사물성에는 분명 차이가 있다. 필름에는 빛이라는 연속적 물질의 흔적이

남지만, 센서에는 추상화된 숫자 데이터 집합이 계산된다. 즉 사진의 사물성이 정보성으로 대체된다.

철학자 빌렘 플루서(Vilém Flusser)도 디지털 이미지 시대를 물질에서 정보로 권력이 이동한 시대로 파악했다. 전통 회화가 화가의 손과 물감, 캔버스의 물질성을 드러냈다면, 사진은 기계 장치를 통해 현실을 복제함으로써 물리적 원본(네거티브 필름)을 갖게 되었고, 디지털 이미지에 이르러서는 복제 가능한 순수 정보로 변모해 비물질성이 극단화되었다고 볼 수 있다.

그러나 미디어 이론가 요해나 드러커(Johanna Drucker)에 따르면 이미지는 고정된 실체가 아니라 사건이다. 즉 이미지는 읽힐 때마다 새롭게 구성되는 경험적 사건으로 볼 수 있다. 또 이미지는 단 하나의 고정된 의미를 갖지 않고 다양한 해석 가능성의 장에서 확률적으로 의미를 형성한다. 디지털 이미지가 그 자체가 사물이 아니라 정보라고 하더라도 그것 역시 실재의 재현이라는 사건이다. 즉 광학적 흔적을 남기든 수학적 계산을 하든 실재(reality)에 대한 참조적 연결을 전제로 하며, 지시 대상을 갖는다. 무엇보다 필름이든 디지털 이미지든 재현 과정에서 인간의 개입이 없고, 사물 간의 상호작용이 일어나므로 둘 다 사물성을 띤다고 볼 수 있다.

생성형 AI의 사물성

최근 이미지 생성형 AI는 트랜스포머 모델과 확산 모델을 활용해 수백만 장의 실제 이미지 데이터세트로부터 패턴, 형태, 스타일, 색상 등을 추출한 후 잠재 공간에서 점진적 변형을 통해 입력값에 맞는 새로운 이미지를 생성한다. 이는 단순한 이미지 결합이 아닌 학습한 패턴의 재구성을 통한 예측적 시뮬레이션이다. 그러므로 AI 생성 이미지는 현실을 단순히 기록한 기술 복제 이미지와 달리 데이터 패턴을 식별하고 창의적으로 표현한 것이다. 즉 사진과 AI 생성 이미지 모두 기계가 만든 이미지이지만 사진이 있는 그대로의 사실성을 갖는다면, AI 생성 이미지는 있을 법한 사실성, 즉 개연성(probability)을 갖는다. 이는 생성 과정의 차이에서 비롯된다.

AI 생성 이미지는 현실에서 촬영한 것이 아니므로 사진처럼 실재의 참조물이 존재하지 않는다. 즉 지시 대상을 갖지 않는다. 그 이미지는 수학적 확률 분포에서 샘플링된 데이터 산출물로 원본 없는 시뮬라크르(simulacre)다. 그러나 AI 생성 이미지 역시 두 가지 이유에서 사물성을 주장할 수 있다. 첫째, AI 생성 이미지는 실재의 재현인 사진을 학습해 그 추상적 특징을 사용해 새로운 이미지를 생성하므로, 실재에 대한 참조적 연결을 전제로 한다. 즉 지시 대상을 특정할 수는 없지만, 지시 대상의 문화 원자로 구성된 이미지라는 것이다. 둘째 확산 모델의 경우 잠재 공간에서 이뤄지는 노이즈의 점진적 추가와 제거 과정은 인간의 개입 없이 비인간 행위자들의 자율적인 상호작용이라고 할 수 있다. 또 그 과정은 비록 디지털 공간에서 일어나는 수학적 연산이지만 실제 복잡계의 비선형적 상호작용적 특성을 보여 준다. 그러므로 AI 생성 이미지는 사물성을 지닌 문화 원자를 재료로 삼아 알고리즘의 자율적 상호작용을 거쳐 새로운 이미지를 생성하므로 이중의 사물성을 띤다고 볼 수 있다.

확률적 사물성

AI는 이미지와 텍스트, 그리고 다양한 형태의 데이터를 잠재 공간으로 불리는 수치 기반의 벡터 공간에 압축해 저장한다. 이 공간은 AI가 학습한 수많은 이미지-텍스트 쌍, 웹 문서, 문화적 표현물에서 추출한 특징을 벡터로 변환한 고차원 공간이다. 생성형 AI는 이 잠재 공간을 탐색해 사용자가 입력한 프롬프트를 바탕으로 가장 적절하고 가능성 높은 벡터를 선택하고, 그것을 디코딩해 새로운 이미지를 생성한다. 이 과정은 하나의 실재를 단순히 복제하거나 관찰을 재현하는 방식이 아니라, 수많은 이미지와 언어의 패턴을 조합하고 재구성해 결과물을 만들어 내는 확률 기반의 창작 행위에 가깝다.

이러한 이미지 생성 방식은 통계적 사고의 전환과 밀접하게 연결된다. 통계가 최근 수십 년 동안 데이터 과학과 AI의 기초가 되면서 인류 문명의 기존의 진실과 거짓의 체계를 예측으로 대체하고 있다. 마노비치는 시각 예술이 역사적으로 인간의 손으로 재현하는 것에서 AI 시스템으로 예측하는 것으로 변화하고 있다고 주장한다. 그러므로 기존 영상이 기계적 재현이든, 수학적 재현이든, 창조적 재현이든 현실의 복제적 재현이라면 AI 생성 이미지는 현실의 패턴에 대한 확률적 재구성으로 정의할 수 있다. 즉 기존 영상이 실제를 기록한 이미지로 복제적 사물성(Replicative Materiality)을 갖는다면 AI 생성 이미지는 실제 이미지에 가깝게 통계적으로 추론한 이미지로 확률적 사물성(Probabilistic Materiality)을 갖는다고 할 수 있다.

확률적 사물성은 아날로그 필름처럼 고정된 실체로 존재하지 않고 AI 이미지나 디지털 텍스트처럼 특정 조건 아래에서 사용자가 매번 새롭게 생성하는 디지털 산출물의 존재 방식을 설명하는 개념이다. 요해나 드러커는 2009년 발표한 논문 "실체에서 사건으로: 문자적, 기계적 사물성에서 확률적 사물성으로(Entity to Event: From Literal, Mechanistic Materiality to Probabilistic Materiality)"에서 이 개념을 제안하고, 디지털 환경 속에서 예술 작품이나 텍스트는 더 이상 하나의 물리적 대상이 아니라 해석 행위와 기술 조건 속에서 발생하는 사건이라고 주장한다. 전통 사회에서 사람들은 예술 작품을 한 권의 책, 한 폭의 그림처럼 고정된 실체로 간주해 왔다. 그러나 디지털 매체에서는 사용자가 특정 데이터를 열거나 읽고 재생할 때마다 작품의 형태와 의미가 달라진다. 예를 들어 독자는 전자책을 읽을 때마다 디스플레이 환경, 기기 설정, 인터페이스 구성, 독서 방식에 따라 각기 다른 방식으로 그 텍스트를 체험한다. 이러한 상호작용은 텍스트의 의미와 형식을 고정된 상태가 아니라 매번 새롭게 구성되는 사건으로 만든다.

드러커는 디지털 객체가 무작위로 생성된다고 말하지 않는다. 그는 사람들이 디지털 산출물을 생성할 때 완전히 예측할 수 없는 결과를 얻는 것이 아니라 알고리즘과 입력 조건이 허용하는 제한된 범위 안에서 다양한 결과 중 하나를 선택한다고 본다. 사용자는 AI 이미지 생성 시스템처럼 정해진 규칙과 변수 구조 안에서 결과를 얻게 되며, 이때 가능한 여러 결과는 특정한 확률 분포를 따른다. 드러커는 이를 "제약된 유희"라고 표현하며, 사용자가 어떤 유희를 즐기더라도 그 결과는 무한한 자유 속에서가 아니라 계산 가능한 가능성의 공간 안에서 나타난다고 본다. 이 개념에 따르면 디지털 객체는 언제나 잠재적인 상태로 존재하고, 사용자가 그것을 호출하거나 실행할 때 하나의 구체적인 형태를 선택해 실현한다.

이러한 관점은 스테이블 디퓨전이나 미드저니 같은 AI 이미지 생성 시스템을 사용할 때 뚜렷하게 드러난다. 사용자는 동일한 프롬프트를 입력해도 그때그때 서로 다른 이미지를 얻게 된다. AI는 학습 데이터를 바탕으로 수많은 이미지의 특징과 구조를 확률 분포 형태로 모델링하고, 이를 잠재 공간이라는 수학적 구조 안에 구성한다. 이 잠재 공간은 AI가 새로운 이미지를 생성할 수 있는 가능성의 영역이며, 사용자는 그 안에서 미리 만들어진 이미지를 고르는 것이 아니라 프롬프트나 설정값 같은 조건을 입력함으로써 그 조건에 따라 하나의 결과가 현실화되도록 지시하는 것이다. 즉, AI는 이미지들을 저장해 두는 것이 아니라 학습한 확률 분포를 바탕으로 입력된 프롬프트에 맞는 그때그때 새로운 이미지를 만들어 내는 방식으로 작동한다.

일반적으로 사용자들은 동일한 시드(seed)값을 지정

하면 동일한 이미지를 생성한다고 생각하기 쉽다. 시드값은 AI 이미지 생성 과정에서 난수 생성기가 부여하는 초기 숫자다. 그러나 실제 환경에서는 사용자마다 모델 버전, 프롬프트 처리 방식, 샘플러 설정, 이미지 크기, 생성 단계 수 등이 조금씩 다르기 때문에 동일한 시드값을 사용해도 같은 결과를 얻지 못하는 경우가 많다. 이처럼 AI 이미지 생성에서 시드는 중요한 변수지만 사용자들이 기대하는 완전한 일관성을 보장하지는 않는다. 이미지는 항상 고정된 실체로 존재하는 것이 아니라 사용자가 프롬프트를 입력하고 시스템이 그것을 해석해 조건에 맞는 결과를 생성하는 순간에 비로소 형성된다. 사용자들은 같은 조건처럼 보이는 입력에서도 다양한 결과를 얻게 되고, 이는 이미지가 물리적 객체가 아니라 사건이라는 점을 보여 준다.

정리하면, 확률적 사물성은 AI 생성 이미지가 언제나 하나의 유일한 원본으로 간주될 수 없으며, 시스템 내부의 가능성 공간 속에서 특정 조건에 의해 실현된 사건임을 설명한다. 이러한 개념은 예술이 하나의 정적인 실체가 아니라 사용자와 기술의 만남 속에서 끊임없이 생성되는 과정이라는 점을 인식하게 만든다. 뉴욕현대미술관(MoMA)에 전시되어 고정된 결과물이 아니라 끊임없이 변화하는 과정을 보여 주는 레픽 아나돌(Refik Anadol)과 AI의 합작품인 〈비지도(Unsupervised)〉는 확률적 사물성의 좋은 사례다.

참고문헌

권승태(2024). AI 생성 이미지의 정체성과 시각 예술의 변화. 《영상문화》, 45, 5–28쪽, https://www.kci.go.kr/kciportal/ci/sereArticleSearch/ciSereArtiView.kci?sereArticleSearchBean.artiId=ART003151472

Drucker, J.(2009). Entity to event: From literal, mechanistic materiality to probabilistic materiality. *Parallax,* 15(4), pp.7–17, https://www.tandfonline.com/doi/full/10.1080/13534640903208834

Flusser, V.(1983). *Für eine Philosophie der Fotografie.* Göttingen. European Photography ; 영역본. *Towards a philosophy of photography*(2000). London. Reaktion Books, http://imagineallthepeople.info/Flusser_TowardsAPhilosophyofPhotography.pdf

Kalpokas, I.(2023). Work of art in the age of its AI reproduction. *Philosophy & social criticism*, pp. 1–19, *Sage Journals,* https://journals.sagepub.com/doi/10.1177/01914537231184490

04
AI 생성 이미지의 상호작용성

AI 이미지는 기계의 자율적 작용과 인간의 의도가 얽힌 결과물이다. 즉, 문화적 편향이 담긴 데이터, 인간이 설계한 알고리즘과 하드웨어, 사용자 프롬프트 등 다양한 인간 · 비인간 행위자가 네트워크로 상호작용하며 만드는 복합적인 사회 · 기술적 산물이다.

청각장애인과 AI?

사물의 자율적 상호작용

문화와 경험은 뇌가 시각 정보를 처리하는 방식을 형성하며, 무엇이 미적으로 중요한지 결정하고, 예술가가 세상을 표현하는 방식에 영향을 미친다. 인간은 학습과 경험으로부터 생겨난 맥락적 사고와 감정의 개입으로 사물을 있는 그대로 볼 수 없지만 영화는 카메라라는 기계적 장치를 통해 사물을 기록함으로써 사물성을 드러내는 혁명적인 미디어로 평가받아 왔다.

그러나 영화 제작 과정에서 인간이 개입해 실재를 추상적인 언어로 번역하고(대본화), 이를 시각화하기 위해 공간적으로 숏을 구성하고(미장센), 숏을 시간적으로 구성하면서(몽타주) 영화는 태생적 사물성에서 멀어지게 된다. 예를 들어 봉준호 감독의 〈기생충〉(2019)은 감독이 학습하고 경험한 세상의 본질적인 면을 머릿속에서 추상화한 후 이를 극적으로 재구성해 시나리오화하고, 이를 촬영과 편집을 통해 이미지로 구체화한 작품으로, 빈부로 양극화된 실제 세계를 한국의 한 부잣집에서 벌어지는 세 가족의 갈등으로 압축해 상징화했다. 이는 실제 세계를 반영하지만 결국 인간의 뇌를 거치면서 새롭게 창조된 주관적인 세계다. 베냐민(Walter Benjamin) 역시 영화가 비선형적으로 촬영되고 여러 개의 고립된 조각으로 나뉘어 다시 조립되기 때문에 아우라를 상실한다고 말했다.

반면 AI 생성 이미지는 독특한 위치를 점한다. AI는 인간의 개입을 최소화해 지가 베르토프(Dziga Vertov)가 추구했던 사물의 운동과 리듬을 구현할 가능성을 갖는다. 물론 AI 시스템도 인간이 설계한 알고리즘을 기반으로 작동하고, 학습 데이터의 선별이나 프롬프트 작성에 인간의 개입이 있다. 그러나 실제 이미지 생성 과정에서 데이터 간의 자율적 상호작용, 알고리즘의 기계적 운동, 하드웨어와 소프트웨어의 물리적 상호작용이 중심이 된다. 이 과정은 데이터 층위의 사물성, 알고리즘 처리 과정의 사물성, 최종 출력물의 사물성이라는 중층적 구조를 형성한다. 따라서 AI 생성 이미지는 인간의 직접적 해석이나 의도적 구성이 지배하는 영화와는 다른 차원의 사물의 자율적인 상호작용을 보여 준다. 그것은 초기 영화 같은 단순한 실재의 기계적 재현 또는 오늘날의 영화처럼 실재를 인간의 뇌를 통해 추상화한 후 다시 이미지로 시각화하는 창조적 재현과 달리 데이터와 알고리즘의 자율적 상호작용이 만들어 내는 새로운 형태의 사물성이다.

인간과 기계의 상호작용

생성 이미지는 인간과 기계 간 상호작용의 결과물이다. 먼저, AI는 인간이 만든 데이터세트를 통해 학습한다. 이 데이터세트는 단순한 정보의 집합이 아니라 인간 사회의 문화적 가치와 편향을 그대로 담고 있다. 예를 들어 가정부를 생성하면 대부분 유색인 여성이 그려진다. 또한 승무원 역시 대부분 여성으로 그려지는 것은 사회에 만연한 성별, 인종적 고정관념을 드러내는 것이다. 이처럼 인간 문화의 편견은 데이터에 반영되어 AI가 학습하는 기초를 형성한다.

다음으로 알고리즘은 데이터를 어떻게 해석하고, 어떤 방식으로 이미지를 만들지를 결정한다. 이 알고리즘 역시 인간이 직접 설계한다. 만약 설계자가 폭력적이고 부적절한 성적인 내용을 금지하고 전통적인 미학을 선호한다면 일반적으로 도덕적이고 전통적인 이미지가 생성되게 된다. GAN(Generative Adversarial Network, 생성적 적대 신경망), VAE(Variational Autoencoder, 변분 오토인코더), 확산 모델 같은 구조는 각각 서로 다른 방식으로 이미지를 생성하고 생성물의 스타일과 품질에 큰 차이를 만들어 낸다. 예를 들어, GAN은 현실감 있는 이미지를 빠르게 만들어 내지만 훈련이 불안정할 수 있고, 확산 모델은 정교하고 고해상도 이미지를 생성하지만 시간이 오래 걸린다. 결국 어떤 알고리즘을 선택할지는 인간의 판단이며, 이 선택은 생성 이미지의 성격을 결정짓는 중요한 요소가 된다.

하드웨어는 AI가 실제로 작동할 수 있는 물리적 기반을 제공한다. 원래 그래픽 처리용으로 개발됐지만 현재 AI에서 많이 활용되고 있는 GPU(Graphics Processing Unit)나 구글이 딥 러닝 전용으로 설계한 TPU(Tensor Processing Unit) 같은 고성능 장치는 수많은 연산을 빠르게 처리해 고해상도 이미지를 생성할 수 있도록 돕는다. 클라우드 서버를 구축하고 유지하는 것도 인간의 몫이다. 어떤 장비를 쓰고 어떤 환경에서 학습할지를 설정하는 것은 기술자와 연구자의 결정에 달려 있다. 하드웨어는 단순한 기계가 아니라 인간이 선택하고 구성한 시스템이다.

마지막으로 프롬프트의 선택과 생성된 결과물의 편집 과정에도 인간의 창의성과 의도가 개입한다. 같은 모델을 사용해도 사용자가 프롬프트를 어떻게 작성하느냐에 따라 결과물은 완전히 다르게 나오게 된다. 사용자는 여러 시도를 거쳐 프롬프트를 조정하고 마음에 드는 결과물을 선택한 후에도, 포토숍으로 편집해 최종 이미지를 완성한다. 그러므로 AI 생성 이미지는 데이터 수집가, 알고리즘 설계자, 하드웨어 설계자, 사용자 등 인간 행위자들의 가치 판단과 선택이 누적된 결과물이다. 즉 데이터는 인간의 경험과 관점을 담고 있고, 알고리즘은 인간이 설계하며, 하드웨어는 인간이 준비하고 조율한다. 결국 AI는 인간이 심어 준 대로 학습하고, 인간이 원하는 방향으로 출력하는 경향이 있으므로 단지 기계 이미지일 뿐이라는 중립된 가치를 가졌다고 보기 힘들다. 그러므로 AI 생성 이미지는 데이터의 문화적 편향, 사용자의 선호, 개발자의 윤리 등을 고려해 평가되어야 할 것이다.

칼포카스(Ignas Kalpokas)에 의하면 AI 생성 이미지는 인간, 데이터, 알고리즘 간 얽힘의 산물이며, 인간과 기계가 협업해 만들어 낸 결과물이다. 데이터는 객관적인 본질이라기보다는 인간과 데이터 간의 상호작용에서 발생하는 관계적 연결성과 감정적 힘인 에이전시(agency)로 이해되어야 한다. 에이전시는 행위자(agent)가 환경에서 독립적으로 행동하거나 결정을 내리며 특정 목표를 달성하기 위해 작용하는 능력을 의미한다. 즉 에이전시를 가진 데이터는 하나의 행위자처럼 역할을 수행한다. 데이터는 단순히 AI가 학습하는 소스가 아니라 AI 이미지를 생성하는 과정에서 능동적 역할을 한다.

예를 들어 AI는 기존의 예술 작품들의 데이터를 학습해 새로운 이미지를 생성하는데, 이때 데이터의 스타일, 미학, 관습 등이 능동적인 역할을 미쳐 결과물에 드러난다. 중요한 것은 AI가 인간과의 상호작용에 새로운 에이전트 역할을 한다는 것이다. 이러한 관계는 인간과 데이터의 상호작용에서 인간-데이터-AI라는 삼각형 상호작용으로 발전한 것이다.

마노비치는 인간에게만 진정한 의도가 있다고 판단하거나 애니미즘을 통해 비인간을 인간화하는 것 모두 인간 중심적 견해라고 주장하면서, 대안적인 견해로서 준인격적인 과정, 즉 비인간적 개체와 기계적인 현상을 위한 에이전시 개념을 발전시킬 것을 제안한다. 그는 AI를 인간이 창의적 통제를 어느 정도 위임한 파트너로 간주할 것을 제안한다. 이는 AI를 하나의 독립적인 예술가로 보기보다 인간과의 협업 관계 속에서 인간이 AI에게 에이전시를 얼마나 양도할 것이냐의 문제로 보는 시각이다. 이로써 AI는 인간이 할 수 없는 방식으로 새로운 미학적 가능성을 탐색할 수 있는 도구가 될 수 있다. 예를 들어 레픽 아나돌(Refik Anadol)과 AI의 합작품인 〈비지도(Unsupervised)〉는 기존 예술과 다른 새로운 스타일과 형식을 만들어 예술의 지평을 확장했다는 점에서 AI

가 공동 창작자로서 기능할 수 있음을 증명했다. 그러므로 마노비치는 AI에게 인격을 부여하기보다 인간 중심적 통제와 조율 속에서 AI의 잠재력을 활용하는 현실적인 협업 모델을 제안한다.

행위자 네트워크 이론 관점에서 본 AI 생성 이미지

프랑스의 철학자 브뤼노 라투르(Bruno Latour)의 행위자-네트워크 이론(Actor-Network Theory, ANT)은 기술과 인간을 포함한 모든 요소를 동등한 행위자로 보고 이들의 네트워크적 관계를 통해 사회 현상이 형성된다고 설명한다. 행위자 네트워크 이론의 관점에서 AI 생성 이미지는 인간과 비인간 행위자 간의 상호작용으로 구성된 네트워크의 산물이다. 실제로 최신 AI는 거대한 데이터 센터, 수많은 개발자와 사용자 커뮤니티, 인터넷상의 방대한 데이터 자원 등 광범위한 행위자 네트워크 위에서 작동한다. 라투르는 비행은 조종사(인간)와 비행기(기술)가 하나의 사물-제도(Object-institution)로서 협력하고 상호작용한 결과라고 주장한다. 이렇듯 AI 화가는 독립적으로 창작하는 것이 아니라 인간과 다양한 시스템과 결합해서 창작한다.

AI 생성 이미지는 단순한 기술적 결과물이 아니라 사회적 맥락과 물질적 기반이 결합된 복합적인 산물이다. 우리는 이미지를 화면에 보이는 결과물로만 생각하기 쉽지만, 그 이면에는 사회적 관념, 문화적 편견, 자원 소비, 인간 노동이 모두 얽혀 있다. AI 연구자 케이트 크로퍼드(Kate Crawford)는 "AI는 인공적이지도, 지능적이지도 않다"는 말로 이 점을 강조한다. 그녀는 AI 시스템이 자율적으로 보이지만, 그 작동은 사실상 방대한 전력과 하드웨어 자원, 수많은 사람의 노동으로 이뤄진다고 지적한다. 실제로 AI는 거대한 데이터세트를 학습하면서 이미지를 만들어 낸다. 데이터는 인간 사회가 생산한 문화적 자료다. 또 이미지 생성 모델은 연구자와 개발자가 설계한 알고리즘을 통해 작동하며, 그 알고리즘은 인간이 결정한 규칙과 가중치, 목적을 반영한다. 여기에 GPU나 클라우드 서버 같은 고성능 하드웨어가 대량의 연산을 처리하고, 전력을 공급받으며 모델을 학습시킨다. 이처럼 AI 이미지는 데이터, 알고리즘, 하드웨어라는 세 축이 조화를 이루는 삼중주로 탄생한다.

AI 이미지의 물질성도 중요하다. 생성된 이미지는 단순한 디지털 신호처럼 보일 수 있지만, 그것은 전력과 장비, 서버 공간 같은 물리적 자원 위에 존재한다. 사용자가 프롬프트를 입력하면 그 순간 수많은 컴퓨터가 작동하고, 데이터가 이동하며, 이미지가 생성된다. 이 과정은 탄소 배출 같은 환경적 영향도 동반한다. 이미지 하나가 만들어질 때도 보이지 않는 자원이 투입되고, 물리적인 흔적을 남긴다. 이러한 관점에서 볼 때, AI 생성 이미지는 사회와 기술, 인간과 기계, 비물질과 물질이 교차하는 지점에서 등장한다. 라투르의 말처럼 이 이미지는 인간과 비인간 요소들이 얽혀 작동하는 사회-기술적 하이브리드다. 우리는 AI 이미지를 단순한 창작 도구의 결과물이 아니라, 인간의 가치관과 사회적 관계, 기술 인프라가 함께 만들어 낸 복합적 사건으로 이해해야 한다.

참고문헌

Benjamin, W.(1964). The work of art in the age of its mechanical reproducibility. In Arendt, H.(ed.). *Illuminations*. Schocken Books, https://web.mit.edu/allanmc/www/benjamin.pdf

Corbyn, Z.(2021.6.6). Microsoft's Kate Crawford: 'AI is neither artificial nor intelligent'. *The Guardian*, https://www.theguardian.com/technology/2021/jun/06/microsofts-kate-crawford-ai-is-neither-artificial-nor-intelligent

Kalpokas, I.(2023). Work of art in the age of its AI reproduction. *Philosophy & social criticism*, pp. 1-19, *Sage Journals*, https://journals.sagepub.com/doi/10.1177/0191453723118

4490

Latour, B.(1999). *Pandora's hope: Essays on the reality of science studies*. Havard University Press. 장하원·홍성욱 옮김(2018). 《판도라의 희망: 과학기술학의 참모습에 관한 에세이》. 휴머니스트.

Manovich, L. & Arielli, E.(2022.3.28). Techno-animism and the Pygmalion effect. In *Artificial Aesthetics*. Chapter 3, https://manovich.net/content/04-projects/179-artificial-aesthetics/artificial_aesthetics.chapter_3.pdf

05
AI 생성 이미지의 추상성

AI는 통계적 패턴을 추출하는 수치적 추상으로 이미지를 생성한다. AI와 인간의 추상화 과정에서 핵심적인 차이는 바로 의미를 부여하는 주체의 존재 여부와 문화적 맥락의 유무다. AI는 인간 예술가와의 협업을 통해 새로운 창작의 가능성을 열며, 그 해석은 인간의 역할로 남는다. AI 생성 이미지는 AI의 우연적 창발성과 인간의 문화적 창의성이 합쳐진 이중의 창의성을 갖는다.

AI 콘텐츠 크리에이터?

영상의 추상화

물체의 구체적 형태를 벗어나 본질을 표현하는 방식, 즉 추상화는 인간 지능의 핵심 작용 중 하나다. 미술은 사진의 등장 이후 현실을 그대로 재현하는 데서 벗어나 개념과 감각의 조합을 통해 추상적 세계를 표현하려는 방향으로 나아갔다. 구상화 대신 색, 선, 면처럼 시각적 요소 자체가 중심이 되는 방식으로 변한 것이다. 이러한 변화는 미술의 대상도 전통적 회화에서 레디메이드, 디지털 미디어로까지 확장하며 오브제 개념 자체를 흔들었다.

사진과 영화도 본질적으로 추상성을 포함한다. 사진은 현실 전체가 아니라 선택된 부분만을 프레임 안에 담는다. 이때 작가는 시점을 결정하고, 구도를 구성하며, 시각 요소를 단순화해 추상적 이미지를 만들 수 있다. 영화도 마찬가지다. 현실을 초당 24프레임으로 잘라 내는 방식 자체가 이미 시간과 움직임의 일부를 추출하는 행위이며, 미장센과 몽타주는 그 단편들을 조합해 의미를 만들어 낸다. 시나리오는 현실의 사건을 언어로 재구성하고, 장면 구성이나 소품, 대사 등을 통해 상징적 메시지를 전달한다. 이처럼 영상은 현실을 그대로 비추는 거울이 아니라 현실을 조각내 새롭게 엮는 구성체다. 그 안에는 추상성과 상징성이 함께 작동한다.

AI 이미지 생성 역시 이러한 추상화와 깊게 연결된다. AI는 수많은 이미지를 학습하면서 형태, 색, 질감 같은 시각적 패턴을 분류하고 일반화한다. 사용자가 입력한 텍스트 프롬프트를 해석한 뒤 그에 부합하는 이미지를 확률적으로 예측해 픽셀 단위로 시각화한다. 이 과정은 인간이 개념을 추출하고 이를 언어로 정리하는 사고와 유사하지만 AI는 의미보다는 통계적 유사성에 기반해 작동한다. 즉 AI는 실제 세계를 그대로 그리는 것이 아니라 데이터 속 패턴을 요약하고 조합해 새로운 시각적 추상을 만들어 낸다. 결국 사진, 영화, AI 이미지 모두 현실을 있는 그대로를 보여 주지 않는다. 각 매체는 선택과 조합, 생략과 강조를 통해 현실을 재구성하며, 이 과정에서 추상적 감각과 상징적 의미를 만들어 낸다. 추상화란 곧 현실을 덜어 내고 본질을 떠올리게 하는 능동적인 창작 행위다. AI의 생성 이미지도 단순한 재현이 아니라 새로운 시각 언어의 한 형태로 작동하고 있다.

AI 생성 이미지의 추상화 과정

AI 이미지 생성은 인간의 언어나 예술처럼 추상화를 통해 현실을 재구성한다. 그러나 인간이 언어를 통해 현실의 의미를 뽑아내는 방식과는 달리, 생성형 AI는 대규모 시각 데이터를 수학적으로 요약하고 조합해 새로운 이미지를 만든다. 이 과정에서 비전 트랜스포머(ViT), 다층 신경망(MLP, Multi-Layer Perceptron), 디코더, 확산 모델은 각기 다른 기능을 수행하면서도 서로 유기적으로 연결된다.

최근 널리 사용되는 생성형 AI 모델에는 달리 3, 스테이블 디퓨전, 미드저니 등이 있다. 이들은 모두 이미지와 텍스트 쌍을 학습하고, 프롬프트에 따라 새로운 이미지를 생성한다. 이 과정에서 ViT는 이미지를 인코딩하는 역할을 한다. 입력된 이미지를 작은 조각(패치)으로 나누고, 각각을 수치 벡터(방향과 크기를 나타내는 숫자의 조합)로 변환한다. 이 벡터들은 단순한 위치 정보가 아니라 색, 형태, 질감 등의 시각적 특징을 요약한 정보다. ViT는 이 벡터들 간의 관계를 계산해 이미지의 전체적 구조와 의미를 추출한다. 이렇게 구성된 벡터는 수백 차원의 고차원 공간, 즉 잠재 공간에 위치하게 된다. 이 공간은 인간의 눈으로 직접 파악할 수 없는 고도로 추상화된 공간으로 이미지 간의 유사성은 벡터 간의 거리로 나타난다. 즉 유사한 이미지들은 이 벡터 공간에서 서로 가까운 위치에 놓이게 된다. 이 공간은 벡터 공간, 재현 하이퍼스페이스, 고차원 표현 공간 등 다양한 이름으로 불리지만 모두 같은 개념이다.

MLP의 각 층은 입력된 데이터를 조금씩 가공하면서 중요한 특징을 추출하고 이를 다음 단계로 넘긴다. 이렇게 정보를 단계적으로 정제해 나가면서 점점 더 의미 있는 구조를 만들어 낸다. 즉 다층 신경망은 잠재 공간에서의 표현을 더 깊게 가공하고 조합하는 역할을 맡는다. 예를 들어 얼굴 이미지를 처리할 때, MLP는 처음에 눈, 코, 입처럼 기본적인 형태나 경계를 감지하고, 다음 단계에서는 이들이 어떤 위치에 어떻게 배열되어 있는지를 파악한다. 마지막에는 이러한 요소들을 종합해 얼굴이라는 전체 개념을 구성한다. 생성형 AI에서는 이 과정을 통해 이미지의 의미를 더 깊게 이해하고, 이를 바탕으로 새로운 이미지를 만들어 낸다. 이렇게 만들어진 표현은 하나의 압축된 개념 구조라고 볼 수 있다.

이후 디코더는 이 벡터를 다시 사람이 인식할 수 있는 이미지로 복원한다. 그리고 이 복원 과정에 최근에는 확산 모델이 주로 사용된다. 확산 모델은 처음에 완전히 무작위적인 노이즈 상태에서 시작해 점차 이미지를 정제해 가는 방식으로 작동한다. 마치 흐릿한 화면에서 점차 윤곽이 드러나듯, AI는 수많은 가능성 중 가장 그럴듯한 이미지를 선택하며 점진적으로 그림을 완성한다. 이 과정은 수학적으로 확률 시뮬레이션이라 부를 수 있으며, 동일한 입력에서도 매번 결과가 조금씩 달라진다. 여기서 중요한 점은 ViT, MLP, 디코더, 확산 모델이 각각의 기능을 수행하면서 분리된 구조가 아니라 하나의 시스템 안에서 결합되어 작동한다는 것이다. 예를 들어 달리 3나 스테이블 디퓨전은 ViT 구조로 이미지를 분석하고 요약하며, 그 잠재 표현을 기반으로 확산 모델을 통해 이미지를 생성한다. 즉 ViT와 MLP는 이미지의 이해와 요약에, 확산 모델은 그 요약을 현실적인 이미지로 복원하는 데 특화되어 있다. 기능은 다르지만 서로 대체하는 것이 아니라 연속된 추상화 및 재구성 단계로 작동한다.

이러한 AI의 작동 방식은 인간의 창작 방식과 다르다. 인간은 언어라는 상징 체계를 통해 경험을 일반화하고 개념화한다. 예를 들어 나무라는 단어는 다양한 나무들의 공통 속성을 언어로 압축한 결과다. 반면 AI는 언어 대신 수치 벡터를 통해 의미를 구성한다. 이미지나 문장을 수치화하고, 그 수치를 바탕으로 의미의 패턴을 만들어 낸다. 인간이 말로 개념을 정리한다면, AI는 수학으로 개념을 구성한다. 따라서 인간은 언어적 추상을 수행하고, AI는 수치적 추상을 수행한다고 말할 수 있다.

결국 생성형 AI는 현실을 그대로 복제하지 않는다.

ViT는 이미지를 조각내고 요약하고, MLP는 이 요약을 조합하며, 디코더와 확산 모델은 이를 눈에 보이는 이미지로 구현한다. 이 전체 과정은 데이터 기반의 추상화, 수학적 구조화, 확률적 생성이라는 복합적인 과정을 거쳐 새로운 시각 언어를 창조한다. 기존의 회화나 사진이 감각과 직관으로 세계를 표현했다면, AI는 통계와 연산을 통해 가능한 세계의 한 단면을 시뮬레이션한다. 이는 인간의 예술과는 다르지만 또 다른 방식의 창조라 할 수 있다.

아리엘리(Emanuele Arielli)는 AI의 이러한 추상화 과정을 인공 플라톤주의(Artificial Platonism)로 설명한다. AI는 기존 작품의 일부를 콜라주하지 않고, 그 스타일의 일반적인 패턴, 붓질, 색상 사용을 추출한다. 재구성되는 것은 화가의 작품의 정수(精髓)다. 이때 정수를 플라톤 관점에서 현실 너머에 존재하는 '이데아'로 해석할 수 있다. 생성된 그림은 이러한 본질에 의해 결정되고, 모든 가능성의 잠재 공간에서 물질화된 하나의 인스턴스다. 그러므로 이러한 정수 기계(Quintessence Machines)는 단순히 작품을 복제하지 않고 동일한 스타일, 모티프, 분위기를 재현해 새로운 변형을 만들어 낸다. 그래서 AI 생성 이미지는 원래 스타일을 모방하지만 개별 표현에서 차이가 나므로 저작권을 침해하지 않는다. 왜냐하면 개별 작품만 저작권으로 보호받지 예술가의 스타일은 보호받지 않기 때문이다.

인간의 추상화와 AI의 추상화

AI와 인간의 추상화 과정에는 근본적인 차이가 있다. 인간 화가는 대상을 관찰하고 느낀 감정을 바탕으로 의식적인 판단과 미적 감수성을 동원해 형태를 단순화하거나 왜곡하며 작품을 창조한다. 예를 들어 피터르 몬드리안(Pieter Mondrian)은 처음에는 나무나 풍경처럼 구상적인 대상을 그렸지만 점차 직선과 기본색만으로 구성된 순수 추상에 도달했다. 이는 작가 개인의 사유와 예술운동의 흐름 속에서 오랜 시간에 걸쳐 이뤄진 개념적 진화였다. 반면 AI가 몬드리안 스타일의 그림을 생성할 때는 그러한 사상적 여정이나 문화적 맥락을 반영하지 않는다. AI는 결과물의 시각적 특징을 모방할 수는 있지만 그것이 왜 그런 형태를 갖게 되었는지에 대한 인식이나 해석을 할 수 없다. 이러한 차이는 루치오 폰타나(Lucio Fontana)의 캔버스 절단 작품에서도 드러난다. 폰타나가 제시한 예술 철학과 시대적 발언이 있었기에 찢어진 캔버스는 예술로 인정받았다. 하지만 같은 행위를 기계

팔이 반복한다고 해서 동일한 의미를 얻지는 못한다. 인간은 작품에 의미를 부여하고, 해석의 틀을 만든다. 현재까지의 AI는 스스로 의도를 가지지 않으며, 자신이 만든 결과물에 대해 해석하지도 못한다. 그래서 사람들은 AI가 만든 이미지에 쉽게 영혼이 없다고 말한다.

AI와 인간의 추상화 과정에서 핵심적인 차이는 바로 의미를 부여하는 주체의 존재 여부와 문화적 맥락의 유무다. 다만 최근에는 AI를 단순한 도구가 아니라 협업 파트너로 활용하는 예술가들도 있다. 이들은 AI의 계산 능력과 패턴 생성 능력을 창작 과정에 적극적으로 통합하면서 기존과는 다른 미학적 가능성을 탐색한다. 이러한 협업은 AI의 기계적 처리와 인간의 감성적 판단이 만나는 지점을 형성한다.

레픽 아나돌(Refik Anadol)은 AI를 예술의 공동 창작자로 활용하는 대표적인 인물이다. 그는 뉴욕현대미술관의 수만 점에 이르는 예술 작품 이미지를 신경망에 학습시켜 프로젝트를 진행했다. 이 프로젝트는 과거 예술 작품을 단순히 모사하는 것이 아니라 그 안에서 발견한 시각적 패턴을 바탕으로 새로운 미학을 생성했다. 아나돌은 이 작업을 기억을 미래와 연결하는 시도라 말하며, AI가 아닌 인간이 창작의 50퍼센트를 담당한다고 설명한다. 그의 설명에서 보듯, AI가 생산한 이미지는 단독으로는 의미의 고리가 약할 수 있지만 인간이 개입할 때 그 안에 감정과 철학이 스며든다.

AI는 다양한 스타일과 형식을 결합하고 재배열하는 능력을 바탕으로 새로운 시각적 실험을 유도한다. 예를 들어 히에로니무스 보스(Hieronymus Bosch)와 앤디 워홀(Andy Warhol)의 양식을 결합하거나, 카라바조(Caravaggio)와 에두아르 마네(Edouard Manet)의 표현 방식을 혼합한 이미지를 손쉽게 만들어 낸다. 이렇게 AI는 과거 예술가들의 미학을 데이터로 읽고 그 사이를 자연스럽게 보간(interpolation)해 기존에 존재하지 않던 시각 언어를 제안한다. 이 과정은 예술가가 작품을 기획하고 접근하는 창작 방법 자체를 재정의하게 만든다.

AI 생성 이미지의 등장은 이미지와 창작의 개념을 근본적으로 다시 생각하게 만든다. 기술이 계속 발전하면서 AI는 점점 더 인간과 닮은 창작 능력을 가질 수도 있다. 그러나 의미를 부여하고 가치를 판단하는 일은 여전히 인간의 역할이다. 예술과 영상 문화는 새로운 도구를 받아들이되 인간 고유의 상상력과 감수성이 가진 깊이를 잃지 말아야 한다. AI가 만들어 낸 추상 이미지 속에서 동시대의 무의식과 집단적 감정을 읽어내는 일, 그것이야말로 영상문화학이 AI 시대에 수행해야 할 중요한 과제 중 하나다.

참고문헌

홍성욱·조은서(2023). 이미지 생성 AI의 도전과 문제들: 과학기술학의 행위자 네트워크 이론의 관점에서. 《사회와 이론》, 46, 7-51쪽, https://www.kci.go.kr/kciportal/ci/sereArticleSearch/ciSereArtiView.kci?sereArticleSearchBean.artiId=ART003024435

Arielli, E.(2024.1.15). Human Perception and The Artificial Gaze. In *Artificial Aesthetics*, Chapter 6. *Manovich.net*, https://manovich.net/content/04-projects/179-artificial-aesthetics/ai_aesthetics_book.chapter_6.pdf

Manovich, L.(2023.4.20). Seven Arguments about AI Images and Generative Media. In *Artificial Aesthetics*, Chapter 5. *Manovich.net*, https://manovich.net/content/04-projects/179-artificial-aesthetics/lev-manovich-ai-aesthetics-chapter-5.pdf

Museum of Modern Art(2022.11.19.~2023.10.29). Refik Anadol: Unsupervised, https://www.moma.org/calendar/exhibitions/5535

06
AI 생성 이미지의 창의성

AI의 창작은 의도 없는 창발성으로, 의미와 맥락을 중시하는 인간의 창의성과 다르다. AI는 기존 규칙 안에서 조합과 탐색은 잘하지만 맥락을 뒤엎는 변형적 창의성은 어렵다. 결국 AI의 창발성과 인간의 해석이 결합해 새로운 형태의 협업 창의성이 탄생한다.

AI와 민주주의?

창발성

AI 기술의 발전은 창의성 개념 자체의 변화를 촉발하고 있다. 전통적으로 예술 창작의 창의성은 새롭고 의미 있는 결과를 도출하는 인간만의 능력으로 여겨져 왔으나 AI 등장 이후 이 정의는 재검토되고 있다. 일반적으로 사람들은 기술적 숙련도를 예술의 기준으로 생각하지만 이는 일종의 절차적 지식을 의미하기 때문에 AI가 잘하는 영역이다. 그래서 AI는 렘브란트가 그린 것 같은 고도의 사실적인 그림을 잘 그린다.

그러나 AI가 생성한 그림에는 AI 특유의 특성을 갖는다. 마노비치(Lev Manovich)는 AI의 한계로 흔히 고정된 기본 스타일(default style) 현상을 지적한다. AI 도구는 명시적으로 스타일을 지정하지 않으면 자체적으로 학습한 평균적 형태의 스타일로 결과물을 생성하는 경향이 있으며, 이러한 결과물은 종종 전형적이거나 이상화된 결과가 된다. 간단히 말해, AI 모델은 빈도 높고 평균적인 패턴에는 강점을 보이지만 희귀하거나 비정형적인 특성에 대해서는 적절히 대응하지 못한다. 그래서 AI가 생성한 작품은 종종 기존 작품들을 그대로 복제한 듯 보일 수 있다.

그럼 AI는 기존의 스타일을 모방하기만 할까? 그렇지

않다. AI는 기존 데이터를 재조합해 새로운 결과물을 내놓기 때문에 창의성의 본질이 인간 지성의 고유 영역인가 아니면 데이터를 통한 창발 현상인가 하는 질문이 대두된다.

물론 인간의 창의성과 AI의 창의성은 같지 않다. AI는 인간처럼 감정과 경험이 없고 현실을 성찰해 새로운 변화를 추구하는 자의식이 없으므로 자신만의 독창성을 갖지 못한다. 그러나 AI는 기존의 데이터를 처리하는 과정에서 창발성을 발휘한다. 창발성은 복잡계의 중요한 개념으로, 개별 구성 요소들이 상호작용해 예측할 수 없는 새로운 특성이 나타나는 우연적 현상을 말한다. 예를 들어, 벌 하나의 행동은 단순하지만 수천 마리가 모이면 벌집이라는 구조가 생겨나는 것처럼 AI도 데이터를 조합하면서 이전에 없던 패턴을 생성한다.

특히 확산 모델은 이미지를 점진적으로 노이즈화한 후 다시 복원하는 과정에서 기존 데이터에 없는 새로운 특징들을 창발적으로 생성한다. 확산 모델을 활용한 AI 생성 이미지는 정방향 확산으로 노이즈를 의도적으로 주입하는 동시에 역방향 복원으로 노이즈를 제거하는 과정에서 예상치 못한 다양한 형태를 창조하면서도 동시에 미적 가치를 보존한다. 그러므로 AI의 창발성은 의

도가 아니라 구조에서 비롯된다. 이는 AI의 창작 과정은 일종의 블랙박스처럼 작동해 인간이 그 내부 작동 원리를 완전히 이해하거나 예측하기 어렵다는 점을 시사한다. 동일한 입력을 주어도 매번 다른 결과가 나오는 이유가 여기에 있다. 이 블랙박스적 특성은 AI가 단순한 명령 실행기가 아니라 예측 불가능한 요소를 포함한 시스템임을 보여 주면서 기존의 인간이 작성한 코딩에 따라 움직이는 컴퓨터와 구분 짓는 고유한 특징이자 창의성의 전제가 된다. 이는 AI가 단순한 도구가 아니라 예측 불가능한 요소를 도입하는 협력자 또는 공동 창작자로서의 지위를 획득하게 됨을 보여 준다.

창의성

마노비치는 단순히 무작위적인 과정 자체만으로 창의적이라고 부를 수 없으며 어떤 과제를 해결하는 방법 같은 의미 있는 것을 창의적이라고 부를 수 있다고 주장한다. 이러한 관점에서 AI의 창발성이 창의성이 되려면 의미가 부여되어야 한다. 즉 창발성이 자연적인 산물이라면 창의성은 문화적 구성물이 된다.

마노비치에 따르면 순수한 창의성의 개념은 현대에 개인의 자율성을 높이는 데서 비롯되었다. 이미 존재한 것을 기억하고, 재구성하고, 재현했던 고대에서 진정한 창의성은 신만이 누리는 특권이었다. 현재 사회는 예술을 인간 창의성의 표현으로 간주하는데 이런 생각은 주로 낭만주의 시대에 뿌리를 두고 있다. 이 시기의 영향으로 예술은 인간의 고유성을 표현하는 최고의 수단으로 인식되었다. 특히 현대 예술이 개념 중심으로 변하면서 전통적인 기술보다는 현대 예술의 언어를 익히는 것이 중요해지면서 현대 예술의 창의성은 단순히 새로운 것을 창조하는 것 자체가 아니라 의미론적 메시지를 전달하는 능력이 포함된다. 그러므로 누가 예술에 의미를 부여하느냐가 무엇보다 중요하다. 이로 인해 인간의 역할은 창작 자체에서 의미 부여와 선택, 큐레이션으로 변화한다. AI는 아이디어를 생성하지만, 그 아이디어에 가치를 부여하고 예술로 승화시키는 것은 여전히 인간의 몫이다.

중립적인 창의성은 존재하지 않는다. 다나 헨릭슨(Danah Henriksen) 등은 창의성 자체가 정치화된 개념으로, 무엇이 창의적인지를 판단하는 권력이 사회적으로 작동한다고 지적한다. 마노비치는 AI 생성 이미지가 창의적인 예술이 될 수 있는 것은 그것에 어떤 상징적 의미를 부여할 수 있느냐에 달렸다고 주장한다.

사진의 역사처럼 AI 생성 이미지에 대한 사회적 수용은 기술에 대한 인간의 문화적 평가에 달려 있다. 아서 단토(Arthur Danto)가 앤디 워홀의 〈브릴로 박스(Brillo Box)〉를 예술로 판정한 것은 예술 이론이라고 한 것처럼, AI 생성 이미지를 예술로 만드는 것 역시 예술 이론이라고 할 수 있다. 단토의 이론에 따르면, 예술은 시각적으로 식별할 수 있는 속성으로 정의되는 것이 아니라 예술계(Artworld)라는 역사와 이론의 분위기 속에서 부여되는 맥락과 의미에 의해 결정된다. 워홀의 〈브릴로 박스〉는 일반적인 세제 박스와 시각적으로 동일하지만 예술계의 이론과 서사 안에서 예술이 되었다. 이는 AI가 아무리 기술적으로 정교한 결과물을 만들어 내더라도 그것이 인간 사회에서 예술로 인식되고 창의적으로 평가받기 위해서는 인간의 해석적 개입과 문화적 맥락화가 필수적임을 시사한다. 즉 AI 생성 이미지의 예술적 지위 또한 기술 자체의 문제가 아니라 예술계의 담론과 사회적 수용에 달려 있다. 예술이 본질적으로 문화적 구성물이며, 그 가치와 정의가 시대와 사회의 가치관, 그리고 권력과 밀접하게 연관되어 있음을 보여 준다.

결국 AI 생성 이미지는 AI의 우연적 창발성과 인간의 문화적 창의성이 합쳐진 이중의 창의성을 갖는다. 이때

AI의 창발적 특성은 인간 예술가에게 새로운 영감과 가능성을 제공하고, 인간은 AI의 출력물에 문화적 맥락과 예술적 가치를 부여한다. 이중적 창의성 개념은 AI와 인간의 관계가 단순한 도구 사용을 넘어선 공진화(Coevolution)적 관계임을 강조한다. AI는 인간에게 새로운 영감을 제공하고, 인간은 AI의 결과물에 의미를 부여하며 상호 보완적으로 발전한다.

AI 생성 이미지의 창의성

AI가 생성하는 미술은 기존 미술과 달리 인간 고유의 창의성만으로 창작된 작품이 아니라 인간과 기계 간의 협업으로 창작된 작품이 된다. 그러므로 창의성은 이제 인간 고유의 영역에서 벗어나 기계와 인간과의 상호작용의 영역으로 확장되고 있다. 인간과 AI의 협업 창작물은 순수 인간 창작물과 구별하기 어려운 수준에 이르렀으며 인간-AI 협업이 새로운 형태의 창의성과 예술적 표현을 가능하게 하고, 기존 창의성 개념을 확장한다.

딥 러닝의 도입으로 AI는 인간 뇌의 유연성과 독립적 창조 능력을 점점 더 많이 획득하고 있다. 설령 인간이 데이터 및 매개 변수에 개입하더라도 최종 결과는 궁극적으로 AI가 결정한다. 이러한 독립성과 자율성은 인간이 작성한 코딩에 따라 움직이는 기존 컴퓨터와 다른 AI만의 고유한 특징으로 창의성의 전제가 된다.

마거릿 보든(Margaret Boden)은 창의성을 조합적 창의성, 탐색적 창의성, 변형적 창의성으로 구분한다. 조합적 창의성은 기존 개념이나 사물을 조합해서 새로운 것을 만드는 것으로, 페가수스처럼 날개 달린 말이나 산해경의 반인반수가 대표적인 예다. 프롬프트로 아보카도 모양의 안락의자를 그려 달라고 하면 AI는 조합적 창의성을 발휘할 수 있다. 탐색적 창의성은 주어진 스타일이나 규칙 안에서 계속 새로운 것을 시도하다가 우연히 발견할 수 있는 새로움으로서의 창의성이다. 예를 들어 라면을 끓일 때, 면과 물과 수프라는 규칙을 그대로 지키면서 된장을 넣거나 꽃게를 넣거나 우유를 넣는 등 다양한 시도를 하다가 발견하는 새로움은 탐색적 창의성이라고 할 수 있다. 프롬프트로 에드가르 드가(Edgar Degas) 스타일로 5개의 K팝 여자 아이돌의 모습을 그려 달라고 하면 AI는 드가의 스타일을 다양하게 탐색하면서 새로운 것을 생성할 수 있다.

AI의 창의성은 보든이 말한 조합적 창의성과 탐색적 창의성에 가깝다는 평가가 많다. 그러나 AI가 기존 알고리즘 및 학습 데이터 내에서만 활동한다는 점은 인간 창의성이 종종 요구하는 의도적 혁신과는 거리가 있다. AI의 창발적 패턴 인식은 인위적인 혁신보다는 광대한 데이터에서 추출된 통계적 특성의 활용으로 볼 수 있다. 그러므로 AI가 하기 힘든 것은 변형적 창의성이다. 변형적 창의성은 기존 개념이나 맥락을 완전히 뒤집고 새로운 것을 창조하는 것이기 때문이다. 예를 들어 마르셀 뒤샹(Marcel Duchamp)은 기존 회화의 오브제와 창작 방식을 완전히 무시하고 기성품인 변기를 거꾸로 전시실에 설치한 후 그것을 〈샘〉이라는 예술품으로 선언했다. 이는 회화의 기존 맥락을 뒤집어 놓은 사건으로 이후 개념미술이 등장하게 된 출발점이 된다. AI는 데이터와 알고리즘으로 새로운 것을 생성할 수 있지만, 뒤샹처럼 예술사의 맥락 속에서 근본적인 질문을 던지고 성찰적인 창작 행위를 하는 것은 인간만의 영역이라고 할 수 있다. 왜냐하면 AI의 생성은 학습한 데이터의 특징을 재조합하는 것이므로 인간의 개입 없이는 기존 것의 범위에서 벗어나기 힘들다. 그러므로 창의적인 AI 미학은 인간과의 협업의 결과물이 된다.

참고문헌

Boden, M. A.(1990). *The creative mind: Myths and mechanisms*

(2nd ed. 2004). Routledge,
https://www.tribuneschoolchd.com/uploads/tms/files/1595167242-the-creative-mind-pdfdrive-com-.pdf

Danto, A. C.(2013). *What Art Is.* Yale University Press. 김한영 옮김(2015). 《무엇이 예술인가》. 은행나무.

Henriksen, D. et al.(2021.12.30). Rethinking the politics of creativity: Posthumanism, indigeneity, and creativity beyond the western anthropocene. *Qualitative Inquiry,* 28(5), pp.465-475, *Sage Journals,*
https://journals.sagepub.com/doi/abs/10.1177/10778004211065813

Manovich, L.(2023.4.20). Seven Arguments about AI Images and Generative Media. In *Artificial Aesthetics,* Chapter 5. *Manovich.net,*
https://manovich.net/content/04-projects/179-artificial-aesthetics/lev-manovich-ai-aesthetics-chapter-5.pdf

07
AI 생성 이미지의 주체성과 창작권

AI는 창작의 도구를 넘어 협업하는 창작 주체로 변하고 있다. 이에 AI 시대의 예술가는 조형 감각, 기술 리터러시, 예술 담론 능력을 갖춘 복합적 전문가로 변화한다. 저작권 또한 인간–기계 협업의 경계에서 새롭게 규정된다.

AI와 애니메이션?

창작 주체로서의 AI

매체의 발전에 따라 예술의 개념도 변화해 왔다. 카메라가 등장했을 때 회화의 역할이 변화했고 사진과 영화가 예술로 인정받기까지 시간이 필요했다. 마찬가지로 AI가 예술 창작의 매체이자 에이전트로 등장한 현상은 예술 창작의 주체와 도구의 경계를 다시 그리게 하고 있다. 이임수는 "기술적 지지체로서의 매체에서 인공 에이전트로의 전환"이라는 말로 AI 시대에 매체 개념이 확장되고 있음을 설명한다. 이는 AI 자체가 예술 창작 과정의 한 행위자로 간주될 수 있음을 시사하며, 예술 작품의 제작자 개념을 인간에서 비인간(기계)으로까지 담론을 넓혔다. 더 이상 예술가는 유일한 창작자가 아니며 AI가 동등한 창작 주체가 되면서 예술가를 협력자로 전환한다.

전통 미술 역시 붓, 캔버스, 물감, 이젤, 카메라 옵스큐라, 카메라 루시다, 카메라 같은 재료나 도구와 상호작용했으나 이는 인간의 눈과 손의 확장으로서, 정확하고 세밀한 재현을 돕는 수준이었다. 그런데 현대 AI 미술에서 이제 AI는 단순한 미술 도구가 아닌 창조의 주체가 된다. 인간과 AI와의 상호작용적 예술의 등장은 시각 예술의 정의와 가치 체계에 근본적인 변화를 가져온다. AI 생성 이미지는 창작 주체의 범위를 확장한다. 기술 복제 시대 예술이 대중화됐다면, AI 생성 시대에는 예술가가 대중화될 가능성이 있다. 일반인 역시 단순한 감상자를 넘어 프롬프트를 통해 작품 생성에 참여하는 공동 창작자가 될 수 있다. 칼포카스(Ignas Kalpokas)도 AI가 창작 도구를 민주화해 누구나 쉽게 사용할 수 있는 도구를 통해 이전에 높은 기술이 필요했던 작품을 생성할 수 있게 했다고 주장한다.

마노비치(Lev Manovich)에 따르면 AI는 단순히 인간 의식 기능을 시뮬레이션하지 않고 창의적이고 혁신적인 해결책을 생성하거나 인간이 그것을 하도록 돕는다. 그러므로 'AI가 창의적일까'라는 질문을 하기보다는 예술 분야에서 AI와 협업을 해서 무엇을 할 수 있을지 물어야 한다.

인간 창작 주체의 변화

AI 생성 시대에 표면적으로 미술은 진입 장벽을 낮춘 것처럼 보인다. 그러나 AI 생성 이미지의 예술 작품으로서 가능성이 실현되기 위해서는 인간 창작 주체의 변화가 필요하다. AI 생성 시대 예술가는 삼중의 전문성을 요구받는다. 첫째, 생성된 이미지의 심미적 판단 능력이 중요하다. 이는 미술가로서의 기본 자질이다. AI 생성 이미지가 미술 작품으로서의 디테일을 획득하기 위해서는 디테일을 선택하는 조형적 감각이 필요하다. 둘째, AI 미술은 새로운 형태의 기술적 전문성인 프롬프트 엔지니어링 능력, AI 도구의 특성과 한계를 이해하고 활용할 수 있는 기술적 리터러시가 필요하다. 셋째, 현대 미술과 개념 미술의 맥락에서 더욱 중요해진 예술적 담론 형성 능력이 요구된다. 뒤샹의 레디메이드가 작가의 선언과 개념적 맥락화를 통해 일상적 오브제를 예술로 전환했듯이, AI 미술 역시 단순한 이미지 생성을 넘어서는 예술적 맥락과 개념의 구축이 필수적이다. 따라서 작가의 비평적 사고와 예술적 담론 구성 능력은 AI 시대에 더욱 중요해졌다.

결과적으로 AI 생성 시대의 예술가는 예술가적 자질, 기술적 전문성, 개념적 사고력이라는 세 가지 차원의 전문성을 동시에 갖춰야 한다. 즉 전통적인 붓과 캔버스를 다루는 능력뿐만 아니라 언어와 알고리즘을 다루는 능력이 중요해졌으며 이는 예술, 기술, 언어가 융합된 새로운 형태의 창작 패러다임을 보여 준다. 이는 AI가 파트너로 기능하는 현대 예술 환경에서 예술의 본질적 가치가 여전히 인간의 미학적 능력과 비평적 사고와 개념적 구성 능력에 기반하면서도 새로운 기술적 소양을 요구한다는 것을 의미한다.

창작권

AI 생성 이미지의 확산은 창작권과 저작권 분야에 새로운 쟁점을 불러일으켰다. 가장 먼저 제기되는 문제는 AI가 만든 결과물의 저작권 귀속이다. 우리나라 「저작권법」은 저작자를 자연인으로 한정해, AI가 혼자 만든 결과물에는 저작권이 생기지 않는다. 한국저작권위원회도 AI가 만들어 낸 이미지에는 저작권을 인정하지 않지만 사람이 AI 위에 추가 창작을 가하면 그 부분은 저작물로 인정할 수 있다고 밝혔다.

2024년 국내에서 AI 창작물에 대해 저작권이 인정된 대표 사례는 영화 〈AI 수로부인〉이다. 이 작품은 GPT-4, 클로바X, 미드저니, 스테이블 디퓨전 등 다양한 AI 도구를 활용해 영상과 사운드를 생성한 후 사람이 편집과 배열, 조정 작업을 주도해 완성한 형태로, 한국저작권위원회는 이 작품을 편집 저작물로 등록하고 인간의 창의적 개입이 이뤄진 부분에 한해 저작권을 인정했다. 이는 국내에서 AI 창작물이 처음으로 저작권 보호를 받은 사례이며 향후 인간-기계 협업 창작물의 저작권 기준 형성에 중요한 선례로 작용할 전망이다.

다른 한편으로, AI의 학습 단계에서 사용되는 데이터에 대한 저작권 침해 논란도 뜨겁다. 최신 생성형 AI 모델들은 인터넷상의 수많은 이미지와 텍스트를 무단으로 수집해 학습하는데, 여기에는 저작권이 있는 예술 작품과 캐릭터 이미지들도 다수 포함된다. 이에 대해 예술가들과 콘텐츠 제작자들은 자신의 작품이 동의 없이 AI 훈련에 이용되고, 결과적으로 스타일이나 캐릭터가 모방되었다고 집단 소송을 제기하고 있다. 실제로 2023~2024년 사이 오픈AI, 메타(Meta), 스태빌리티 AI 등 주요 AI 기업들을 상대로 저작물 무단 이용에 관한 다수의 소송이 제기된 상태다. 네가르 본다리(Negar Bondari)에 따르면 미국 의회는 생성형 AI의 투명성을 높이기 위해 데이터세트 공개 의무화 법안을 추진 중이며, 유럽연합은 「AI 법(AI Act)」을 통해 학습 데이터 기록 의무를 강조하고 있다. 치바 오카베(H. Chiba-Okabe)와 수(W. J. Su)는 생성 모델이 훈련 데이터의 일부를 그대로 모사해 출력함으로써 원저작물의 배타적 권리를 침해할 가능성이 충분히 존재하며, 특히 유명 캐릭터의 경우 이름을 명시하지 않아도 흡사한 이미지를 생성해 저작권을 침해할 수 있다고 지적한다. 이러한 사안들은 「저작권법」의 기존 체계에 큰 도전을 안겨 주고 있다. 현재 AI 모델의 학습을 공정 이용으로 볼 수 있는지 아니면 사전에 데이터 라이선스를 받아야 하는지에 대해 논쟁 중이다. 만약 법원이 AI 개발사들의 무단 데이터 사용이 저작권 침해에 해당한다고 판단할 경우, 향후 AI를 훈련하기 위해 콘텐츠 창작자들과의 라이선스 계약이 필수화되고 AI 개발 비용과 절차가 크게 달라질 수 있다. 반면 데이터 수집이 용인된다면 창작자들의 권익 보호에 공백이 생길 우려가 있다. 이처럼 생성형 AI와 저작권에 관한 법적 논의는 아직 진행 중이며 기술 발전에 발맞춰 각국의 법과 제도가 빠르게 정비되어야 할 과제로 대두되고 있다.

참고문헌

권택경(2024.4.5). [생성 AI 길라잡이] AI로 만든 콘텐츠, 저작권 인정될까?, 《동아일보》, https://www.donga.com/news/It/article/all/20240405/124346196/1

이임수(2020.12). 인공지능 시대 예술의 패러다임 전환: 모더니즘 이후 매체 개념의 변화와 에이전트로서의 예술 매체 등장. 《현대미술사연구》, 48, 215-242쪽, https://www.dbpia.co.kr/journal/articleDetail?nodeId=NODE10514198

최웅정(2024.1.10.). [보도설명 자료] '국내 생성 AI 영화 저작권 첫 인정 세계 2번째 사례' 일부 보도 사실관계 설명. 한국저작권위원회 보도자료,

https://www.copyright.or.kr/notify/press-release/view.do?brdctsno=52575

Arielli, E.(2024.1.15). Human Perception and The Artificial Gaze. In *Artificial Aesthetics*, Chapter 6. *Manovich.net*, https://manovich.net/content/04-projects/179-artificial-aesthetics/ai_aesthetics_book.chapter_6.pdf

Bondari, N.(2025.2.4). AI, copyright, and the law: The ongoing battle over inellectual property rights. *IP & Technology Law Society*. https://sites.usc.edu/iptls/2025/02/04/ai-copyright-and-the-law-the-ongoing-battle-over-intellectual-property-rights/

Chiba-Okabe, H. & Su, W. J.(2025.3.27). Tackling copyright issues in AI image generation through originality estimation and genericization. *Scientific Reports*, 15(1), 10621. *Nature*, https://www.nature.com/articles/s41598-025-90827-1

Kalpokas, I.(2023). Work of art in the age of its AI reproduction. *Philosophy & social criticism*, pp. 1-19, *Sage Journals*, https://journals.sagepub.com/doi/10.1177/01914537231184490

Manovich, L.(2023.4.20). Seven Arguments about AI Images and Generative Media. In *Artificial Aesthetics*, Chapter 5. *Manovich.net*, https://manovich.net/content/04-projects/179-artificial-aesthetics/lev-manovich-ai-aesthetics-chapter-5.pdf

08
AI 생성 이미지의 정체성

AI 이미지의 정체성은 창의성이 아닌 확률적 사물성에 있다. 이는 현실의 흔적과 다른 데이터 분포에서 생성되는 사건이다. 이 과정에서 AI는 사회의 편견 같은 집단 무의식을 드러내며, 기술 복제 이미지와는 다른 창작 방식의 진화를 보여 준다. 기술 복제 이미지의 정체성이 기계적, 사실적, 필연적, 명증적이라면, AI 생성 이미지의 정체성은 확률적, 추상적, 우연적, 개연적이다.

AI와 인재 채용?

집단 무의식의 사물성

AI의 자율성과 창의성은 제한적이다. 창작 과정 자체가 독립적이더라도 그 과정의 시작과 끝은 여전히 인간의 몫이다. 그러므로 AI는 독자적으로 예술 작품을 만들어 내지 못한다. 또한 AI는 뒤샹처럼 기존 체계의 반성을 통한 단절과 혁신의 성찰적 창의성을 갖고 있지 못하다. 그러므로 AI 생성 이미지가 예술이 되기 위해서는 인간의 예술적 선택과 평가가 전제되어야 한다. 그러므로 AI만의 정체성은 창의성보다는 사물성에서 찾을 수 있다. 이는 마치 영화가 자신만의 예술성을 완성한 이후 다시 원점으로 돌아가 기계적 재현을 영화의 정체성으로 삼은 것과 마찬가지다.

베냐민(Walter Benjamin)은 기술 복제 시대 영화가 잠재적인 무의식을 드러낼 수 있다고 보았다. 그는 클로즈업이나 슬로 모션 같은 기술적 능력을 통해 육안으로 볼 수 없는 무의식을 볼 수 있다고 설명했다. AI 역시 인간, 데이터, 기술 간의 복잡한 상호관계를 통해 눈에 보이지 않는 인간 사회의 집단적 무의식(Collective Unconscious)을 드러낸다. AI 생성 이미지는 집단 데이터를 확률적으로 처리하면서 집단적 패턴을 보여 주는데, 이는 인간 개인의 감정이나 의도로부터 독립된 사회의 사물성이라고 볼 수 있다. 예를 들어 AI가 한국인 이미지를 생성할 때, 일반적으로 눈이 찢어지고 광대뼈가 튀어나온 얼굴을 그린다. 이는 한국인에 대한 서양인의 편견을 그대로 반영한다. 이러한 편견 역시 그 자체로 인간 사회의 보편적 인식이나 고정관념을 반영한 것일 수 있다. 이는 사물의 운동을 포착하는 것과 유사하게 인간 문화의 무의식적인 성향을 반영하고 있다고 볼 수 있다.

칼포카스(Ignas Kalpokas)도 AI가 생성한 콘텐츠에서 발생하는 오류, 결함, 왜곡, 환각 등이 현대 사회의 복잡성을 드러내는 계시적 잠재력을 의미한다고 주장한다. 그는 일반적으로 예술이 사회와 그 기술적 관계를 반영하는 것처럼 AI가 생성한 예술은 오늘날의 예술로서 인간이 데이터와 밀접하게 얽혀 있는 방식을 반영한다고 주장한다. 즉 인간-기계의 복잡한 얽힘을 드러내는 AI 생성 이미지는 오늘날 사회가 지닌 집단 무의식을 보여 주는 태생적 계시 능력 때문에 가치를 지닌다. 그는 빅데이터의 사회성을 세상에 대한 무한한 디지털 탈육화로 묘사하면서, 이것이 인간과 비인간(기계/데이터)이 함께 구성하는 얽힘(intertwining)의 기능을 수행한다고 설명한다.

예를 들어 '이 사람은 존재하지 않는다(https://

thispersonnotexist.org/)' 사이트의 AI 생성 이미지를 보면 흔히 여러 인종적 특징이 혼합되어 있는데 이는 글로벌화한 현대 사회에서 정체성의 경계가 모호해지는 현상을 반영한다. 또 실제 존재하지 않는 사람의 얼굴은 사실적으로 보이지만 종종 귀의 비대칭이나 치아의 불규칙한 배열 같은 미묘한 왜곡이 발생한다. 이는 완벽해 보이는 현대 사회 표면 아래 존재하는 불안정성을 반영한다. 또 이러한 이미지 모두 AI가 학습한 데이터를 바탕으로 확률적으로 생성한 것으로 현대인의 정체성이 데이터의 조합과 변형으로 재구성되는 현상을 암시한다. 즉 집단 무의식은 데이터에 내재된 복잡성과 연결되어 있고 이를 반영한 AI 생성 이미지는 현대 사회의 데이터 기반 사고방식과 인간과 기계의 상호작용을 드러내는 중요한 사례가 된다.

합성 이미지의 확률적 사물성

AI 모델이 만들어 낸 이미지는 겉보기에는 실재를 찍은 사진처럼 보이지만 애초에 현실에서 촬영된 적이 없는 완전한 합성 이미지다. 따라서 전통 사진처럼 현실 세계의 참조물이 존재하지 않고 네거티브 필름 같은 물리적 원본도 없다. 그 이미지는 말 그대로 수학적 확률 분포에서 샘플링된 데이터 산출물이며, 오직 디지털 파일로만 존재한다. AI 합성 이미지는 그 물질적 표시가 가리키는 지시 대상이 현실에 없고 AI 모델 내부의 통계적 상관성에만 존재한다는 점에서 전통적인 사진과 영화와는 근본적으로 구별되는 확률적 사물성을 갖는다고 할 수 있다.

확률적 사물성에서 확률적(probabilistic)이라는 표현은 디지털 객체의 존재가 절대적인 우연성에 맡겨져 있다는 뜻이 아니라, 여러 가능성의 공간 안에서 특정 조건에 따라 한 가지 현실화가 발생한다는 의미에 가깝다. 다시 말해, 디지털 이미지나 텍스트는 완전히 무작위적으로 형태가 결정되는 것이 아니라 시스템의 알고리즘적 규칙과 입력 요인들에 의해 제한된 범위 내에서 다양한 결과가 산출된다. 이렇듯 AI 이미지의 사물성은 확률적 사건성으로 이해되며, 이는 전통 사진이 현실 세계에 존재했던 한 장면을 기계적으로 복제함으로써 얻는 기계적 사물성(mechanistic materiality)과 구별된다. 확률적 사물성이란 AI 이미지의 잠재적이자 발생적 물질성으로서, 전통적인 물리적 대상과 달리 확률 분포 공간에 의존하고 구현마다 새롭게 성립되는 특성을 가리키는 개념이다.

AI 생성 이미지의 정체성

기술 복제 이미지와 AI 생성 이미지는 각각 다른 방식으로 사물성을 다루면서 시대적 변화 속에서 예술적 가치를 새롭게 정의한다. 영상은 사라져 가는 사물의 흔적을 있는 그대로 남기는 사물성을 갖는다. 그래서 편집되지 않은 영상은 법원에서 명증적인 근거로 효용을 갖는다. 또한 인류가 꿈꿨던 완벽한 재현성을 보여 주면서 시각 예술을 보이지 않는 추상의 세계로 전환했다. 또 영상의 복제성은 예술의 대중화를 가능하게 했고 영상의 사물성은 객관적 사실에 다가갈 가능성을 제시했다. 그러나 영상 역시 문화에 편입되면서 숏으로 분화되고 자기 언어를 갖게 되면서 실재를 압축해 상징화하고 디지털적 픽셀로 분화되면서 추상화 단계로 발전하고 있다. 그 과정에서 개입된 수많은 인위적인 선택으로 영상은 예술로 승격됐지만 대신 태생적 사물성은 약화됐다. 즉 영상은 사물성이란 본성을 가지고 태어났지만, 제작 과정에서 독자적인 표현 방식을 창조하면서 그 결과물은 인간 고유의 창의성을 보여 주는 예술로 발전했다.

영상은 실제를 투명하게 재현하는 혁명적 미디어를 넘어 인간의 문화적 상상력을 담아내는 미디어로 발전했다. 반면 AI 생성 이미지는 현실을 그대로 복제하기보다는 데이터를 기반으로 추출한 패턴과 알고리즘을 통해 새로운 이미지를 창조한다는 점에서 영상과 근본적으로 다르다. 물론 생성 과정의 초기에는 인간이 개입해 데이터와 알고리즘을 선택하고 프롬프트를 입력해 방향을 제시하지만 이후의 전체 생성 과정은 AI의 자율적인 패턴 인식과 재구성에 의존한다. 이는 인간이 직접 통제할 수 없는 창발적 특성을 나타내며 기존의 창작 방식과 다른 형태의 사물성을 획득한다.

영상은 인간이 수행하는 추상화 과정에서 사물성이 약화되고 대신 주관성이 강화되지만, AI 생성 이미지는 추상화 과정에서 실제 이미지의 초기 사물성을 상실하지 않을 뿐더러 새로운 사물성을 획득한다. 물론 영상도 사실주의 영화나 다큐멘터리처럼 제작 과정에서 편집이나 합성, 음악, 음향 효과 같은 인위적인 개입을 최소화해 사물성을 유지할 수도 있다. 이때 사물성은 실재를 있는 그대로 복제한 재현에서 비롯된 것이다. 반면 AI 생성 이미지의 사물성은 실재를 원자처럼 추출한 추상화와 그 원자를 재조합해서 이미지로 구체화하는 과정에서 획득된다. 결국 AI 생성 이미지는 기술 복제 이미지와 다른 방식으로 사물성과 추상성을 다루면서 새로운 창의성의 가능성을 제시한다.

그러나 AI 생성 이미지가 예술로 전환되려면 인간의 최종 개입이라는 의미 부여가 필요하다. 결국 AI 생성 이미지는 예술과 기술의 융합, 인간과 비인간의 협력을 통해 새로운 사물성을 탐구할 가능성을 제시한다. AI 생성 이미지의 창작 주체는 인간을 넘어 AI로, 전문가를 넘어 일반인으로 확장한다. 또한 AI와 협업하는 창작 주체는 전문가이든 일반인이든 기존의 예술가적 자질과 개념적 사고력과 함께 기술적 전문성이 필요하다. 이러한 변화는 기술 복제 시대에서 AI 생성 시대로의 문화적 전환을 반영한다.

기술 복제 시대가 복제적 재현에 기반한 사실성, 필연성, 동일성, 명증성을 추구했다면, AI 생성 시대는 확률적 재현에 기반한 추상성, 우연성, 다양성, 개연성의 문화를 창출할 수 있다. 이러한 차이는 단순한 기술적 진보가 아니라 문화적 진화를 의미한다. 이러한 진화 과정에서 기술 복제 이미지인 실재를 있는 그대로 기록하는 영상이 인간 사회의 집단 무의식을 사실적이고 복제적인 재현 이미지로 표현했다면, AI 생성 이미지는 그것을 개연적이고 추상적인 예측 이미지로 표현한다. 이런 점에서 기술 복제 이미지의 정체성이 기계적이고 사실적이며 필연적이고 명증적이라면 AI 생성 이미지의 정체성은 확률적이고 추상적이며 우연적이고 개연적이다.

참고문헌

Benjamin, W.(1964). The work of art in the age of its mechanical reproducibility. In Arendt, H.(ed.). *Illuminations*. Schocken Books, https://web.mit.edu/allanmc/www/benjamin.pdf

Drucker, J.(2009). Entity to event: From literal, mechanistic materiality to probabilistic materiality. *Parallax, 15*(4), pp.7-17, https://www.tandfonline.com/doi/full/10.1080/13534640903208834

Kalpokas, I.(2023). Work of art in the age of its AI reproduction. *Philosophy & social criticism*, pp. 1-19, *Sage Journals*, https://journals.sagepub.com/doi/10.1177/01914537231184490

This Person Not Exist.Org, https://thispersonnotexist.org/

09
AI 생성 이미지의 프롬프트 기술

AI 모델과 효과적으로 상호작용하려면 프롬프트를 단계적으로 정교하게 설계해야 한다. 복잡한 질문은 추론의 사슬 방식으로 나눠야 정확한 결과를 얻는다. 이미지 생성에서도 일관성과 구체성이 중요하며, 참조 이미지와 프롬프트 세분화가 핵심이다.

AI와 기자?

프롬프트 엔지니어링

GPT-3 이후 대규모 언어 모델이 등장하면서 모델 자체를 바꾸지 않고 사용자 입력만으로 결과의 품질을 크게 좌우할 수 있는 프롬프트 엔지니어링이 주목받고 있다. 프롬프트 엔지니어링은 AI 모델과 효과적으로 상호작용하기 위해 명령어인 프롬프트를 설계화하고 최적화하는 작업을 말한다. 즉, AI 모델이 향상되면서 모델 자체의 개선보다는 어떻게 모델에게 지시할 것인지가 중요해지고 있다. 특히 이미지 생성 분야에서 일관성과 정교함을 확보하기 위해 프롬프트 엔지니어링의 역할이 더욱 강조되고 있다. 그러나 반대로 AI 모델 역시 향상되면서 프롬프트 엔지니어링의 중요성이 감소할 수 있다. 왜냐하면 한 번에 프롬프트를 완벽하게 작성하기보다 처음에 생각나는 대로 프롬프트를 입력한 후 결과물을 보면서 수정할 것을 요구하면서 점차 원하는 모습으로 완성해 나갈 수 있기 때문이다. 그리고 질문 내용이 충분하지 않을 때, AI 모델이 거꾸로 사용자에게 질문을 하는 경우가 있다. 이런 식으로 질문과 대답을 반복해 가면서 결과물을 향상할 수 있다.

그럼에도 프롬프트를 작성할 때 효과적인 방식은 존재한다. 프롬프트는 모델이 고도화되어도 인간의 창의성을 투사하는 핵심 수단으로 남는다. 그러므로 프롬프트의 기본 설계 능력은 여전히 중요하다. 분량이 많은 작업을 할 때 전체 작업을 한 번에 지시하기보다 단계별로 절차를 설명하는 것이 AI가 일을 수행하는 데 도움이 된다. 예를 들어 장편 시나리오 한 편을 작성하라고 지시하면 AI는 한두 페이지만 작성하고 마치 장편 시나리오를 완성한 척할 수 있다. 이때 우선 한 페이지의 시놉시스 작성을 요구하고 그다음 트리트먼트(treatment: 영화의 스토리를 시나리오 형식 없이 작성), 스텝 아웃라인(step-outline: 신별로 스토리를 작성)을 작성시킨 후, 각 신을 하나씩 시나리오 포맷에 맞게 신 헤드라인, 지문, 캐릭터 이름, 대사를 넣어 작성하게 지시할 수 있다. 이렇게 단계적으로 진행하면 결국 100페이지 이상의 장편 영화 시나리오를 AI와 협업으로 작성할 수 있을 것이다. 즉 한 번에 많은 분량의 전체를 세세하게 작성하도록 시키기보다 처음에 전체적인 흐름을 계획하고 그것을 여러 조각으로 구성한 후, 각 조각을 하나씩 차례대로 세세하게 만드는 것이 낫다. AI는 전체보다는 부분을 더 잘 처리한다. 조각을 나눈 뒤 통합하는 흐름이 효과적이다.

이렇게 AI는 복잡한 문제를 한 번에 해결하기 어렵기 때문에 사용자가 문제를 여러 단계로 나누어 순서대로 지시하면 AI가 더 정확한 답을 낼 수 있다. 이를 '추론의 사슬(Chain of Thought)'이라고 부른다. 이는 단순히 질문을 나누는 방식이 아니라 추론을 단계적으로 명시해 LLM(Large Language Model, 대규모 언어모델)이 정확히 따라가게 만드는 메타 인지 전략이다. 복잡한 문제의 경우, 추론의 사슬이라는 단계로 분리해 제시하면, AI는 언어를 더 잘 이해하고, 결과물을 더 정확히 생성할 수 있다.

예를 들어 AI에게 "서울시 종로구 효자동에서 빌라를 임대해 게스트 하우스 사업을 시작하면 수익성이 좋을까?"라고 질문을 곧바로 하기보다 그 사고의 과정을 추론의 사슬로 단계별로 구성할 수 있다. 즉 질문을 시장 수요 분석 → 경쟁자 분석 → 임대료 계산 → 수익 예측 시뮬레이션이라는 단계로 나눌 수 있다. 우선 시장 수요 분석으로 효자동 일대 국내외 관광객이 머물 수 있는 단기 임대 숙소에 대한 수요가 얼마나 되는지 묻거나 최근 몇 년간 효자동의 에어비앤비 예약률이나 숙박 리뷰 트렌드에 대해 조사해 달라고 요구할 수 있다. 이에 대한 대답을 통해 이 지역이 게스트하우스 사업에 적합한 시장인지 파악할 수 있다. 다음 경쟁자 분석으로, 효자동에서 현재 운영 중인 유사 게스트 하우스 또는 셰어 하우스가 몇 개인지, 또 평균 숙박비는 얼마인지 묻는다. 다음 임대료 계산 단계로 효자동에서 20평 내외의 빌라를 장기 임차할 경우 월 임대료, 보증금, 관리비가 평균적으로 얼마인지 물을 수 있다. 이로써 초기 투자 비용과 경쟁 가격대를 알 수 있다. AI는 여기서 실거래 데이터를 요약하거나 에어비앤비 등록 데이터를 바탕으로 유사 업장의 평점을 비교해 줄 수도 있다. 그다음 단계로 수익 예측 시뮬레이션을 요청할 수 있다. 예를 들어 객실 수 2개 기준으로 월 평균 가동률이 60%일 때 예상 월 매출은 얼마인지, 또 청소, 관리, 애플리케이션 수수료 등의 운영비를 고려할 때 순수익을 계산해 달라고 요청할 수 있다. 이때 AI는 고정비와 변동비를 나눠서 수치화하거나 최저와 최고의 시나리오를 비교 분석해 줄 수도 있다. 이 모든 단계를 거친 후에 마지막으로 "지금 시점에서 효자동에서 빌라를 장기 임차해서 게스트 하우스 사업을 시작하는 것이 수익성이 있을까?"라고 물을 수 있다.

AI는 스스로 어떻게 답할지 판단하지 못하고 사용자가 주는 프롬프트를 기반으로 가장 자연스럽게 이어질 법한 문장을 생성한다. 따라서 AI의 응답 수준은 질문의 정교함에 비례한다. 그러므로 두루뭉술한 질문보다는 구체적인 질문이 좋다. '누가(Who), 언제(When), 어디서(Where), 무엇을(What), 왜(Why), 어떻게(How)'라는 육하원칙(5W1H) 원칙을 염두하고 주제의 주체, 시간대, 장소, 대상, 이유, 방식 등을 명확히 하는 것이 좋다. 예를 들어 "영화 산업이 어떻게 변할까?"라고 질문하기보다 "AI 생성 이미지가 대중화할 될 때 국내 영화 산업 내 촬영 감독이나 프로덕션 디자이너의 역할이 어떻게 변할까?"라고 묻는 것이 더 심도 깊은 답변을 받을 수 있을 것이다. 결국 각 분야의 지식이 많을수록 그 분야에 대해 더 좋은 질문을 할 수 있을 것이다. 그래서 동일한 AI 서비스를 이용하더라도 특정 분야의 전문성 여부에 따라 완전히 다른 수준의 결과물을 얻게 된다.

이미지 생성을 위한 프롬프트

이미지를 생성할 때도 프롬프트 기술이 중요하다. 어떻게 하면 원하는 이미지를 생성할 수 있을까? 이 역시 육하원칙의 구체성이 중요하다. 단순히 고등학교 교실을 그려 달라고 하기보다 "해 질 녘, 따뜻한 햇살이 창밖에서 들어오는 80년대 한국 고등학교 교실에서 줄 맞춰 의자에 앉아 책상의 시험지를 바라보며 OMR 카드에 답을 적는 학생들과 시험 감독하는 감독관을 지브리 스타일로 그려 줘"라고 프롬프트를 작성하면 원하는 이미지에 가깝게 생성할 수 있을 것이다.

- 누가: OMR 카드에 답을 적는 학생들, 시험 감독관.
- 무엇을: 책상의 시험지, OMR 카드에 답을 적는 행위, 시험 감독.
- 어디서/배경: 80년대 한국 고등학교 교실.
- 언제/시간: 해 질 녘.
- 어떻게/분위기/스타일: 따뜻한 햇살이 창밖에서 들어오는, 지브리 스타일.

그러나 텍스트만으로는 세밀한 색상이나 톤을 설명하기 힘들다. 이때는 그 분위기를 참조할 수 있는 이미지를 업로드한 후, 그것을 참조하라고 하면 된다.

또 프롬프트를 작성할 때 명확하고 보편적인 단어를 사용하고 생성하려는 이미지와 직접 관계없는 단어나 약어, 모호한 표현, 애매한 단어를 피한다. AI 모델은 방대한 데이터를 학습하므로 보편적으로 통용되는 시각적 개념들을 더 잘 이해한다. 그리고 동일한 프롬프트를 사용하더라도 매번 다른 이미지가 나오기 때문에 반복적으로 생성해서 마음에 드는 것을 선택할 수 있고 챗GPT나 제미나이 같은 LLM 모델의 경우, 마음에 드는 이미지가 나올 때까지 계속 수정을 요구할 수 있다. 예를 들어 챗GPT 기반 이미지 생성기에서는 '이 이미지에서 조명을 더 따뜻하게 바꿔 줘' 또는 '배경을 야경으로 수정해 줘' 같은 식으로 반복 지시를 통해 원하는 스타일에 접근할 수 있다.

스테이블 디퓨전의 프롬프트 가이드를 보면 좋은 프롬프트는 구체적이고 세부적이어야 한다고 말하면서 이를 위해 "피사체(Subject), 매체(Medium), 스타일, 해상도, 세부 묘사, 색상, 조명" 등 8개 카테고리를 기준으로 키워드를 떠올릴 것을 권장한다.

- 매체(Medium): 유화(oil painting), 수채화(watercolor), 3D 렌더링(3D render), 사진(photograph), 스케치(sketch) 등.
- 스타일(Style): 지브리 스타일(Ghibli style), 픽사 스타일(Pixar style), 애니메이션(anime), 실사(photorealistic), 추상화(abstract art), 고전주의(classical) 등.
- 세부 묘사(Detail): 매우 상세한(highly detailed), 복잡한(intricate), 미니멀한(minimalistic), 거친 질감(rough texture) 등.
- 색상(Color): 생생한 색상(vibrant colors), 파스텔 톤

(pastel tones), 흑백(black and white), 황금빛(golden hour), 차가운 색감(cool tones) 등.

- 조명(Lighting): 역광(backlighting), 스튜디오 조명(studio lighting), 자연광(natural light), 극적인 조명(dramatic lighting), 그림자 효과(shadow play) 등.

모든 범주를 다 채울 필요는 없지만 이 목록을 체크리스트로 삼아 빠트린 요소가 없는지 점검할 수 있다. 미드저니에서도 프롬프트를 2~3개의 완전한 문장으로 구성하고 스타일, 배경, 조명, 색상들의 주요 태그를 총 5~15개 정도 포함할 것을 권장한다. 미드저니 프롬프트의 예로, 공룡 트리케라톱스가 미래식 콘서트 무대에서 신시사이저를 연주하는 사진처럼 구체적인 문장을 사용하고 "--ar 16:9"(가로세로 비율을 16:9로 설정), "--style raw"(자연스럽고 사실적인 스타일 옵션) 같은 파라미터를 덧붙인다.

일관성 있는 이미지 생성을 위한 프롬프트

스토리를 담는 이미지를 생성할 때는 중요한 것은 일관성이다. 스토리를 만들려면 누가 어디서 무엇을 어떻게 왜 하는지를 드러내는 한 숏의 이미지도 중요하지만 숏이 바뀌더라도 인물, 시공간, 의상 등의 일관성이 유지되는 것이 무엇보다 중요하다. 이는 영화에서 콘티뉴이티(continuity)라고 해서 실재의 환영을 만드는 중요한 편집 기법이다. 그럼 여러 개의 숏에 필요한 이미지를 생성형 AI로 만들 때 어떻게 하면 일관성을 유지할 수 있을까?

2024년 동일한 시드값을 사용하는 방법이 알려졌다. 이 값을 고정하면 같은 프롬프트에 대해 같은 결과를 얻을 가능성이 높아진다. 그러나 실제 생성 결과는 시드뿐 아니라 프롬프트, 모델 버전, 해상도, 노이즈 단계 등 여러 요소에 의해 영향을 받기 때문에 단순히 시드만 같다고 해서 완전히 동일한 이미지를 재현하기는 어렵다. 특히 미드저니나 달리 같은 플랫폼에서는 사용자가 시드를 지정할 수 없거나 시드를 확인하는 기능이 제공되지 않는 경우도 많아 실용성에 한계가 있었다.

그러나 2025년 들어 상황은 크게 달라졌다. 최신 모델들은 참조 이미지(reference image) 기능을 적극적으로 활용할 수 있게 되었고, 이를 통해 일관성 있는 이미지 생성을 실현할 수 있는 길이 열렸다. 사용자는 이전에 만든 캐릭터 이미지를 참조 이미지로 제공하면서 다른 장면에서도 같은 인물을 유지해 달라고 요청할 수 있다. 이

방법은 단순히 시드를 고정하는 방식보다 훨씬 더 자연스럽고 정확한 일관성을 만들어 낸다.

특히 미드저니는 이러한 기능을 잘 지원하는 대표적인 툴이다. 예를 들어 "--cref"는 캐릭터 레퍼런스를 의미하며 동일한 인물의 얼굴, 표정, 복장 등을 유지하는 데 사용된다. "--sref"는 스타일 레퍼런스로, 색감, 질감, 구도 같은 시각적 스타일을 유지하는 데 효과적이다. V7 버전에서는 이 둘을 통합한 "--oref"(Omni Reference)도 지원하는데 이는 캐릭터와 스타일을 동시에 참조해 보다 강력한 일관성을 제공한다.

정리하면, 이미지 생성 AI로 일관성 있는 스토리를 구축하기 위해서는 상세한 프롬프트 작성, 참조 이미지의 적극적인 활용, 그리고 각 AI 모델이 제공하는 특화된 기능들을 복합적으로 활용하는 것이 효과적이다. 이러한 방법들을 조합해 시도한다면 AI 이미지 생성의 가장 큰 난제 중 하나였던 일관성 문제를 해결하고 생동감 있는 스토리텔링 이미지 시퀀스를 만들 수 있을 것이다.

참고문헌

Andrew(2024.1.4). Stable Diffusion prompt: a definitive guide. *Stable Diffusion Art*, https://stable-diffusion-art.com/prompt-guide/

10
AI 생성 이미지의 활용

AI는 인간을 대체하기보다 반복 작업을 자동화하는 협업자다. 이로써 인간은 창의성, 감성 등 고유 능력에 더 집중하게 된다. AI 생성 이미지는 향후 영상 제작의 진입 장벽을 낮추고 공동 작업인 영상 제작을 개인 작업으로 변화시킬 것이다.

AI와 미래 의사?

인력 대체제가 아닌 협업자로서의 AI

오늘날 AI는 그 능력에 대한 막연한 환상이나 과장된 예측으로 대체로 과대평가되고 있으며, 이로 인해 사회적 불안감이 불필요하게 확산되는 경향이 있다. 그러나 실제로 AI는 인간의 주된 업무를 완전히 대체하기보다 기술적으로 단순하고 반복적인 과업을 수행하는 데 주로 활용될 가능성이 크다.

딜로이트(Deloitte)의 2025년 보고서인 "생성형 AI와 일의 미래"에 따르면 AI가 제공하는 효율성과 속도는 인간 창작자에게 창의성에 집중할 기회를 제공하며 이는 양적 생산성 증대뿐만 아니라 질적 창의성 향상에도 기여한다. AI의 반복적이고 기술적인 작업 자동화, 예를 들어 원클릭 번역, 이미지와 비디오 변환, 스크립트 초안 생성 등은 인간 창작자가 작품의 감성적, 전략적 측면에 더 집중할 수 있도록 해 전체 창작 과정의 효율성과 창의성을 동시에 증대한다. 이러한 AI의 역할 변화는 창의 산업 전반의 워크플로 재편을 촉진하며 소규모 팀이나 개인도 고품질 콘텐츠를 제작할 기회를 제공해 산업 진입 장벽을 낮추는 효과를 가져온다.

AI는 아직 인간의 복잡한 사고 능력과 상황 판단력을 따라가기에는 역부족이다. 소위 누구나 할 수 있는 일이란 일반적인 상황에서 표준화된 절차에 따라 수행되는 작업을 의미하며 이러한 업무는 AI가 비교적 잘 수행할 수 있다. 반면 특별한 능력이란 복잡한 맥락을 이해하고 그에 맞춰 창의적으로 계획하고 문제를 해결하는 인간 고유의 역량을 말한다. 예를 들어 영상 편집 과정에서 촬영된 영상을 분류하고 시퀀스에 따라 정렬하는 가편집 작업은 누구나 할 수 있는 일로서 AI가 충분히 대체할 수 있다. 그러나 서사의 흐름, 감정의 리듬, 시청자의 반응을 고려한 창의적 편집은 여전히 인간의 판단과 감각에 의존한다.

인공지능이 대체하기 힘든 핵심 능력은 진실성, 현실성, 실제성, 진정성, 감성, 이해와 소통 능력, 공감 능력, 비판적 능력, 창조적 능력, 통찰 능력, 성찰 능력, 개척 능력, 도전 능력 등이다. 이러한 역량은 쉽게 데이터화하거나 알고리즘으로 환원하기 어렵기 때문에 향후에도 인간 중심의 전문성이 지속적으로 요구될 것이다. 그러므로 AI 시대에도 기존 고급 전문가의 능력은 여전히 유효하다. 즉 AI가 대체할 수 없도록 각 분야의 전문가는 고급 기술을 갖춰야 한다. 그 고급 기술의 핵심은 AI 기술이 아니라 인간만의 보편적인 능력이다. 예컨대 디자이너는 미드저니나 스테이블 디퓨전 같은 이미지 생성

AI를 활용해 시안을 빠르게 얻고 이후 인간만의 감각과 문맥 이해를 바탕으로 브랜딩 요소를 조정하며 결과물을 완성한다. 이처럼 AI의 결과물을 기반으로 창의적 판단을 내릴 수 있는 능력이야말로 AI 시대의 진정한 경쟁력이 된다.

유발 하라리(Yuval Noah Harari)는 "2025년 AI 시대 인간의 길"이라는 내한 강연에서 지적 기술, 사회적 · 감정적 기술, 운동 신체적 기술 세 영역을 균형 있게 발전시키는 것이 중요하다고 말한다. 이 세 가지 기술은 AI가 아직 갖지 못하는 인간 고유의 능력으로 이런 능력을 발휘하는 직업은 AI로 대체되지 않을 것이다. 예를 들어 단순히 데이터만을 보고 진단하는 의사는 AI로 대체될 수 있지만 환자와 상호작용하며 감정 케어까지 하는 의사는 대체가 불가능하다.

기업은 단순한 업무만 수행하는 인력을 고용하지 않는다. 이윤을 창출하기 위해서는 가치 있는 판단과 창조적 실행 능력을 지닌 인재가 필요하다. 다만 그러한 고부가가치 작업을 수행하기 위해서는 반드시 단순한 기초 작업이 선행되어야 하며, 이 부분은 앞으로 AI가 자연스럽게 맡게 될 것이다. 결국 AI의 도입은 일자리를 줄이는 측면도 있겠지만 기존 일자리의 업무량을 줄이고 역할을 재편하는 방향으로 작용할 것이다. 실무자가 AI를 도구로 활용하는 능력, 즉 AI 리터러시가 필수 역량으로 부상하며, 창의성과 비판적 사고력, 협업 능력 등 인간적 역량은 더욱 중요해질 것이다.

AI 기술은 기존 업무를 생산성과 효율성을 강화하는 것뿐만 아니라 신산업 분야 창업을 촉진한다. 그러므로 정부는 AI 관련 창업을 대폭 지원해 새 일자리를 만드는 역할을 해야 할 것이다. 예컨대 정부는 초기 창업 자금 지원, 관련 규제 완화, AI API 사용료 지원, 데이터세트 구축 보조, 창업 보육 공간 제공 등을 통해 AI 기반 창작 · 교육 · 서비스 분야에서 새로운 일자리를 만들 수 있다. 이러한 생태계적 접근은 일자리 감소에 대한 두려움을 줄이고, AI 기술을 활용한 미래형 직무 창출로 이어질 수 있다.

결국 AI 시대에도 인간 전문가의 가치는 여전히 유효하다. 오히려 AI의 도입은 인간에게 더 높은 수준의 사고와 실행을 요구하게 될 것이다. 핵심은 AI가 할 수 있는 일과 AI가 할 수 없는 일을 구분하고 인간은 후자에 집중해 자신의 고유 가치를 강화해야 한다는 점이다. 인간 고유의 능력은 기술보다 보편적이고 지속 가능하다. 이 능력을 기초로 새로운 시대의 전문성을 재정립하는 것이

AI 시대를 살아가는 우리 모두의 과제가 될 것이다.

AI 생성 이미지의 활용

단순히 프롬프트만 입력해도 원하는 이미지를 생성할 수 있는 AI 생성 이미지는 일반인도 전문가급의 영상을 제작할 기회를 줄 수 있다. 그러나 아직 일반 개인이 AI의 도움을 받아 영상 산업에 진입하기는 쉽지 않다. 왜냐하면 아직 AI 생성 영상이 프로급의 영상과 비교해 그 품질이 낮기 때문이다. 대표적인 비디오 생성 서비스로 오픈AI의 소라(Sora)는 최대 60초 영상을 생성할 수 있고 중국 콰이쇼우(Kuaishou)의 클링(Kling)은 최대 2분 길이의 영상을 생성할 수 있는데 아직 촬영을 대체하기에는 영상의 분량이 너무 짧다. 그리고 생성 영상 역시 복잡한 움직임이 어렵거나 물리적 상호작용이 부자연스러운 경우가 많기 때문에 촬영한 영상을 대체하기는 힘들다. 그러므로 실험적인 영상으로 영화제에 출품을 하거나, 쇼트폼에 활용하거나, 장편의 일부 장면을 대체하는 정도로 활용되고 있는 실정이다.

또 AI 생성 이미지는 아직 일관된 이미지를 완벽하게 만들지 못하고 있다. 영상은 숏이 계속 바뀐다고 하더라도 일관된 시공간과 캐릭터가 유지되어야 스토리를 만들 수 있다. 즉 영화의 핵심은 연속성이다. 영화 초창기 그리피스가 연속 편집을 확립한 이래 장편 영화가 대중화한 것처럼 AI 생성 이미지 역시 연속성이 성취되지 못하면 영화 언어를 구성할 수 없을 것이다.

또 일반 개인이 AI를 활용해 영상 제작을 하기 힘든 이유는, 생성형 AI로 단순히 영화를 위한 소스만 만들 수 있을 뿐이지 이를 공감이 가는 스토리로 편집하는 기술은 결국 전문가의 몫이기 때문이다. 그러므로 AI를 활용한 영상 제작 역시 AI 활용 기술뿐만 아니라 영상 제작의 기존 모든 역량이 필요한 것이다. 즉 기획 능력, 스토리 구성 능력, 미장센과 몽타주로서 장면 구성 능력, 사운드 디자인 능력, 색 보정 능력 등이 기본적으로 필요하다.

영상 제작의 모든 과정을 관리할 수 있는 개인이라면 근미래에 AI가 발전해서 프로급의 영상을 생성하게 될 때 영상 제작을 개인 작업으로 수행할 수 있을 것이다. 근미래에 수많은 인력이 필요한 영상 제작이 AI의 도움을 받아 글쓰기 같은 극히 개인적인 작업으로 이뤄지는 새로운 분야가 개척될 것이다. 현재도 10분 내외의 단편 영상은 개인 작업으로 가능하다.

그럼 AI를 활용한 단편 영상의 제작 과정을 살펴보자. 기존 영상 제작이 사전 제작, 제작, 후반 작업으로 순차적으로 이뤄진다면, AI 영상 제작은 세 과정이 통합될 수 있다. 기획과 동시에 단편 영상을 위한 시나리오를 AI와 협력해 작성할 수 있다. 그리고 역시 AI의 도움을 받아 시나리오의 신을 구분하고 신을 다시 숏으로 구분할 수 있다. 그리고 각 숏을 위한 이미지를 챗GPT나 소라, 파이어플라이, 미드저니 같은 이미지 생성 AI로 만든 후, 이를 클링, 런웨이, 피카, Veo3 같은 비디오 생성 AI에 업로드해 움직임을 만든다. 그리고 생성된 비디오를 어도비 프리미어프로(Premiere Pro)나 애프터이펙트(After Effects) 같은 소프트웨어로 편집하고, 사운드를 디자인하고, 색 보정을 해 완성한다. 이때 효과음, 음악, 음성, 자막, 그래픽 등도 생성형 AI로 만들 수 있다. 즉 다양한 AI 서비스를 사용해 하룻밤에도 단편 영상을 완성할 수도 있다. 그러나 이 역시 프로급의 품질로 완성하기 위해서는 많은 시간이 투자되어야 한다. 기존 영상 제작은 원하는 대상을 촬영해서 하나의 숏을 만든다면 AI를 활용한 영상 제작은 하나의 숏을 만들기 위해 반복적인 프롬프팅을 통해 많은 이미지를 생성하고 그중 하나를 선택한 후, 또 다양한 움직임을 적용해 만들어진 많은 비디오 중 하나를 선택하는 과정이 필요하므로 단순히 프롬프트 하나를 작성해서 생성하는 간단한 작업은 아니다. 그럼에도 과거 많은 제작진이 오랜 시간 높은 비용을 들여 만들 수밖에 없었던 영상을 개인이 혼자서 만들 수 있는 시대가 된 것이다.

AI 생성 이미지의 활용 사례

이병호 작가는 2025년 대전과 청주에서 AI 영상 작품 〈AI Neo Surrealism(AI 신초현실주의)〉 연작을 선보이며 AI와 예술의 협업 가능성을 탐구했다. 그의 작업 과정은 다음과 같다. 그는 챗GPT에게 질문해서 나온 답변 중에서 주제를 선별하고 표현 방식을 결정한다. 이때 주제를 함축하는 명령어를 계속 다듬어 가는데, 이미지 생성과 피드백의 반복을 통해 시각적 구조를 다듬는다. 그는 전체 한 달 기간 중 20일을 개념을 잡는 데 쓴다고 한다. 이렇게 잡은 초기 프롬프트를 통해 미드저니로 이미지를 생성하고 생성과 피드백을 반복해서 색조와 구도, 스타일 등을 다듬는다. 그리고 미드저니의 고급 기능으로 이미지를 정교하게 수정한다. 그리고 이 이미지를 클링에 연결해 작품의 움직임을 주고 완성한다. 이렇게 영상 작품을 만들어 가는 동안 AI는 새로운 제안을 하고 작가가 수정하는 등 작가와 AI 간의 상호작용이 이어진다.

그는 원래 LG, 삼성 등에서 반도체 회로 기판을 제작하는 연구원이었다. 퇴직 후 취미로 시작한 사진 작업이 이렇게 AI 생성 영상 작업으로 발전한 것이다. 이병호 작가의 영상 작품은 예술 작업이 대중화되는 AI 생성 시대의 가능성을 잘 보여 준다.

2025년 6월 12일 방영된 〈KBS 다큐 인사이트. 퀀텀: 두 번째 불의 발견, 양자컴퓨터〉는 베르너 하이젠베르크, 알베르트 아인슈타인, 막스 플랭크, 닐스 보어, 막스 보른, 마리 퀴리, 에르빈 슈뢰딩거 등 세기의 천재들이 벌였던 격렬한 논쟁의 현장, 제5차 솔베이 회의를 AI 영상으로 생생히 재현하며 양자역학 탄생의 역사적 순간을 되짚었다. 이 작품은 기존 다큐멘터리처럼 대부분 현장에서 촬영한 영상을 편집했지만, 과거 많은 비용을 들여 세트를 제작하고 그곳에서 아인슈타인을 닮은 배우를 분장시키고 당시 과학자처럼 연출했던 재연 장면을 간단하게 생성형 AI로 생성했다. 그 재연 장면은 AI 영상임을 알리는 자막이 없었으면 알아채기 힘들 정도로 품질이 높았다. 흥미로운 것은 실제 사진 속 아인슈타인이 회의에 참석해 토론하는 것을 시청자가 목격했다는 것이다. 전체 47분 분량 중 2~3분 정도의 짧은 부분이었기에 가능한 작업이었을 것이다. 머지않아 역사 다큐멘터리 전체를 AI로 만들 날이 올 것이다.

사진이 탄생하면서 초상화가들이 직업을 잃었다. 그러나 더 많은 사람이 사진사라는 직업을 갖게 됐다. 생성형 AI가 그림을 그리면서 삽화가나 애니메이터라는 직업이 사라질 수도 있다. 수많은 사람이 수작업으로 하나의 애니메이션을 제작하는 시대는 지나가고 훨씬 더 많은 일반 개인이 자신만의 스토리를 애니메이션으로 만드는 시대가 올 것이다. 물론 좋은 애니메이션을 만들기 위해 여전히 스토리, 이미지, 모션, 사운드를 구성하는 기존 능력이 필요하겠지만 그 능력을 갖춘 개인은 이제 AI와 협력해 과거 집단이 했던 작업을 혼자서 할 수 있게 될 것이다. 향후 공동 제작에도 AI를 활용할 것이지만 AI를 활용한 개인적 영상 제작은 기존 공동 제작이 만들 수 없었던 새로운 형식과 내용의 작품을 선보일 가능성이 크다. 유튜브의 사용자 제작 영상이 기존 전문가 제작 영상에서 볼 수 없었던 브이로그, 먹방, ASMR 등 다양한 영상을 탄생시켰던 것처럼 AI 생성 이미지로 더 많은 사람이 더 다양한 영상을 제작하는 시대가 올 것이다.

참고문헌

딜로이트(Deloitte)(2025.4.16). 생성형 AI와 일의 미래: 무한히 확장되는 일의 영역,

https://www.deloitte.com/kr/ko/Industries/technology/analysis/future-of-ai-work.html
조인원(2025.4.14). [C컷] 미래예술은 AI와 협업으로. 《조선일보》, https://www.chosun.com/video_photo/2025/04/13/K26FWB6TRFDBLO2HMRCK7OT47Q/
Harari, Yuval Noah(2025.3.20). 유발 하라리 내한 강연. 'AI 시대 인간의 길'. 플라톤 아카데미, https://youtu.be/_znqGUW_dzI
KBS다큐(2025.6.12). 퀀텀: 두 번째 불의 발견, 양자컴퓨터. KBS 다큐 인사이트, https://youtu.be/irEaqRDe7Uk

권승태

한국방송통신대학교 미디어영상학과 전임대우 강의교수다. 고려대학교에서 영상문화학 박사 학위를 받았다. 채프먼대학교에서 영화와 방송 제작(Film & TV production) 전공으로 MFA(Master of Fine Arts)를 받았다. 성균관대학교에서 한국철학을 전공했다. 20년 이상 방송 영상 분야에서 프로듀서로 활동했다. 주요 저서로 《시각 예술과 인공지능》(2024), 《플랫폼 내러티브》(2023), 《1인 미디어기획 제작》(2022), 《디지털 영상 편집》(2021), 《장마리 플로슈, 시각 정체성》(2016), 《영상스토리텔링의 일반 원리》(2015), 《3막의 비밀: 스토리텔링의 보편적 법칙》(2012), 공저로 《21세기 노년》(2024), 공역서로 《차이와 지속의 기호학, 비주얼 아이덴티티》(2017)가 있다. "AI영상제작의 구조와 흐름- 기호학과 행위자-네트워크 이론을 중심으로"(2025), "AI생성 이미지의 정체성과 시각 예술의 변화"(2024) 등 18편의 논문을 KCI 학술지에 게재했다.